ERRO E VINCULAÇÃO NEGOCIAL

(A PROPÓSITO DA APLICAÇÃO DO BEM A FIM DIFERENTE DO DECLARADO)

ANTÓNIO J. M. PINTO MONTEIRO

ERRO E VINCULAÇÃO NEGOCIAL

(A PROPÓSITO DA APLICAÇÃO DO BEM A FIM DIFERENTE DO DECLARADO)

Texto que serviu de apoio à "Lição" proferida na Sala dos Capelos da Universidade de Coimbra, em 8 de Novembro de 2001, no âmbito das provas de Agregação em Ciências Jurídicas

2.ª REIMPRESSÃO DA EDIÇÃO DE NOVEMBRO/2002

ERRO E VINCULAÇÃO NEGOCIAL

AUTOR
ANTÓNIO PINTO MONTEIRO

EDITOR
EDIÇÕES ALMEDINA, SA
Av. Fernão Magalhães, n.º 584, 5.º Andar
3000-174 Coimbra
Tel.: 239 851 904
Fax: 239 851 901
www.almedina.net
editora@almedina.net

PRÉ-IMPRESSÃO | IMPRESSÃO | ACABAMENTO
G.C. – GRÁFICA DE COIMBRA, LDA.
Palheira – Assafarge
3001-453 Coimbra
producao@graficadecoimbra.pt

Setembro, 2010

DEPÓSITO LEGAL
178372/03

Os dados e as opiniões inseridos na presente publicação
são da exclusiva responsabilidade do(s) seu(s) autor(es).

Toda a reprodução desta obra, por fotocópia ou outro qualquer
processo, sem prévia autorização escrita do Editor, é ilícita
e passível de procedimento judicial contra o infractor.

Biblioteca Nacional de Portugal – Catalogação na Publicação

MONTEIRO, António Pinto, 1951-

Erro e vinculação negocial : a propósito
da aplicação do bem a fim diferente do
declarado. - 2ª reimp. - (Monografias)
ISBN 978-972-40-1700-6

CDU   347
       332

NOTA À 1.ª REIMPRESSÃO

Já em situações anteriores, relativamente a outros trabalhos nossos esgotados, manifestámos a opinião de que talvez se justificasse manter tais trabalhos sem modificações, uma vez que foram apresentados no âmbito de provas públicas destinadas à obtenção de graus académicos. Continuamos a pensar o mesmo. Daí que, solicitados pela Livraria Almedina, tenhamos autorizado uma mera reimpressão do nosso estudo sobre "Erro e vinculação negocial".

De resto, pouco mais de 6 meses passaram desde a sua publicação, não havendo, sequer, actualizações a fazer que justificassem uma nova edição!

Coimbra, 19 de Novembro de 2002

António Joaquim de Matos Pinto Monteiro

ERRO E VINCULAÇÃO NEGOCIAL
(A propósito da aplicação do bem a fim diferente do declarado)

1. O problema

Um problema com grande *interesse prático* e de *difícil enquadramento* vem há já algum tempo despertando a nossa atenção. Pese embora passe quase despercebido na doutrina, a verdade é que ele aparece com frequência nos tribunais e nem sempre a solução a que se chega se afigura a melhor ou a mais bem fundamentada[1].

O problema pode enunciar-se nos seguintes termos: *"quid iuris" se o comprador der à coisa adquirida destino diferente do que havia declarado?* Admitamos, por hipótese, que o comprador *declara* que irá dar ao prédio *determinada utilização*. E que, concretizado o negócio, o comprador vem a dar ao bem adquirido uma *outra finalidade*, um *destino diverso*. Poderá o vendedor reagir? De que modo?

Esta questão não é normalmente analisada, ocupando-se a doutrina, em regra, com o problema de saber se poderá o *comprador* desvincular-se quando não é possível obter o fim que pretendia

---

[1] Adiante nos referiremos à jurisprudência (cfr. já o n.º 2), a qual irá sendo analisada ao longo do trabalho. Entretanto, na doutrina (a qual, via de regra, se preocupa mais com o *relevo* que *a não obtenção* do destino visado assume para o *comprador* do que para o vendedor), é excepção o trabalho de VAZ SERRA, em *Anotação* ao Acórdão do Supremo Tribunal de Justiça (STJ) de 2 de Fevereiro de 1971, na "Revista de Legislação e de Jurisprudência" (RLJ) ano 104.º, pp. 361,ss. O tema é ainda versado por DURVAL FERREIRA, *Erro negocial e alterações das circunstâncias*, 2ª ed., Almedina, Coimbra, 1998, e por nós próprios, na *Anotação* publicada na RLJ ano 131.º, pp. 190,ss.

(a construção da vivenda, por ex., ou a instalação de determinada indústria, por a respectiva licença ter sido recusada). Mas no nosso caso é o *vendedor* que pretende desfazer o negócio por o comprador utilizar o bem para fim diferente do que tinha declarado.

A via mais percorrida por quem tem sido confrontado com o problema é a do *erro*. Mas também o instituto da *alteração das circunstâncias* vem sendo convocado. E outras figuras se mostram com vocação para intervir, desde a *resolução do contrato por não cumprimento* ao *enriquecimento sem causa*. Assim como não podemos deixar de equacionar outros temas, com destaque para o da *relação obrigacional complexa* e seu conteúdo, sendo certo que haveria ainda lugar para visitar velhos e debatidos problemas, como o da *causa* e o da relevância a atribuir *aos motivos* dos contraentes.

Ao *interesse prático* do problema enunciado corresponde assim um importante relevo do ponto de vista *juscientífico*. A solução do problema passa pela ponderação e análise de alguns dos institutos mais importantes do *direito privado*, mormente da "Teoria Geral" e do "Direito das Obrigações". E não só, pois haverá ainda espaço para invadir outros domínios, fazer uma breve incursão pelo direito público, a propósito do *direito de reversão* que o Código das Expropriações prevê a favor do proprietário expropriado.

Pareceu-nos, por todas estas razões, que o tema teria dignidade e interesse para ser versado nesta *Lição*; e que ao mesmo tempo nos proporcionaria a oportunidade para *rever* matérias, *testar* soluções, apurar eventuais *insuficiências* e ousar outras *respostas*. O que tudo terá de ser feito dentro do apertado tempo de que dispomos e com o propósito que anima esta prova académica.

Uma última nota prévia, esta de cariz *metodológico*. Para uma melhor compreensão do problema vamos começar por expor *casos concretos*, da nossa *jurisprudência*. Será a partir daí que serão testadas as soluções, definido o âmbito de cada instituto e formuladas as respostas.

Além de ser este, em geral, o modo mais fácil de *captar a atenção* do aluno, afigura-se que a explicação de cada instituto e a apresentação dos problemas e soluções a partir de *"casos práticos"* é um procedimento que se adequa à *intencionalidade prática do direito*, sensibiliza desde logo o estudante para essa irrecusável *dimensão* da ciência jurídica e habilita-o a *resolver* problemas concretos.

Afinal, recordêmo-lo com CANARIS, é esta *Urteilskraft*, este poder ou capacidade de decisão uma qualidade indispensável do *jurista*, pelo que se afigura vantajoso e *metodologicamente* adequado à formação do estudante um ensino assim direccionado, em permanente diálogo com a jurisprudência[2].

2. Importância e actualidade

Vejamos então *mais de perto* o problema e apuremos em *termos precisos* as dificuldades que ele suscita. Vamos servir-nos, para o efeito, de algumas situações tiradas da jurisprudência e que ilustram, de modo exemplar, o interesse do problema em análise.

Num caso, a Câmara Municipal de Lisboa adquiriu, por contrato de compra e venda, um prédio urbano, que declarou *destinar a arruamento*; a Câmara, porém, fez depois demolir

---

[2] Mas sempre com a preocupação de não "reduzir" o estudante ou o jurista em geral ao papel de mero "prático", indiferente aos conflitos de interesses, alheado das opções valorativas do sistema e ignorando os avanços da ciência do direito. Cfr. CLAUS-WILHELM CANARIS, *Das Rangverhältnis der «klassischen» Auslegungskriterien, demonstriert an Standardproblemen aus dem Zivilrecht*, in "Festschrift für Dieter Medicus zum 70. Geburtstag", org. por V. Beuthien, M. Fuchs, H. Roth, G. Schiemann e A. Wacke, Carl Heymanns Verlag, Köln, Berlin, Bonn, München, 1999, pp. 25,ss, esp. 26. Preocupado com a dimensão prática – prático-normativa – do direito, entre nós, já também, por ex., CASTANHEIRA NEVES, *Lições de Introdução ao Estudo do Direito*, polic., Coimbra, 1968-69, pp. 16,ss e *passim*, por onde iniciámos, em 1970, o nosso percurso pelo mundo do Direito.

aquele prédio e do terreno em que ele assentava vendeu um lote a uma sociedade *com destino à construção de prédio de rendimento*. A acção de anulação proposta pelos vendedores foi julgada segundo o Código Civil de 1867, tendo-se entendido que havia lugar à *anulação* do contrato, por *erro sobre as qualidades do objecto*, com base no art. 661.º do referido Código. Assim decidiu o Supremo Tribunal de Justiça, por Acórdão de 2 de Fevereiro de 1971[3].

Numa outra situação, a Câmara Municipal de Cascais comprou um prédio urbano que declarou para *fins de urbanização* e destinado a ser demolido e integrado o respectivo terreno num *largo público*; a Câmara, porém, veio a ceder parte desse terreno a uma sociedade para *fins de construção urbana*. O contrato foi *resolvido*, nos termos do n.º 2 do art. 252[4/5], com fundamento em *erro sobre a base do negócio*. Trata-se da solução a que chegou o Supremo, no seu Acórdão de 2 de Novembro de 1977[6].

Finalmente, num outro caso, a Câmara Municipal de Espinho comprou um prédio rústico para instalação de um *parque de*

---

[3] No "Boletim do Ministério da Justiça" (BMJ) n.º 204, pp. 131 e ss. Foi este o Acórdão anotado por VAZ SERRA na RLJ, cit., ano 104, pp. 361 e ss.

[4] Discordamos: se for de aplicar o n.º 2 do art. 252.º entendemos que a sanção é a *anulabilidade* e não a resolução; é que, a nosso ver, a *remissão* daquela norma para o art. 437.º é só para os *pressupostos* de que depende a sua aplicação e não também para a sanção a aplicar – tratando-se de *erro*, é a *anulabilidade* a sanção adequada. A posição que adoptamos é a que corresponde à doutrina dominante: ver, por ex., CARLOS MOTA PINTO, *Teoria Geral do Direito Civil*, 3ª ed., Coimbra, 1985, pp. 504 e 515, e J. OLIVEIRA ASCENSÃO, *Teoria Geral do Direito Civil*, vol. III, ed. policop., Lisboa, 1985, p. 130; por todos, numa visão de conjunto, cfr. PAULO MOTA PINTO, *Declaração tácita e comportamento concludente no negócio jurídico*, Coimbra, 1995, p. 353, nota 357.

[5] Pertencem ao Código Civil em vigor os preceitos legais citados sem indicação da sua proveniência.

[6] No BMJ n.º 271, pp. 190, ss. Este Acórdão do STJ confirmou o Acórdão da Relação de Lisboa de 25 de Junho de 1976 (in BMJ n.º 260, p. 175).

campismo; sucede, porém, que *não foi possível construir no local o pretendido parque* porque o Supremo Tribunal Administrativo *anulou* o acto de declaração de utilidade pública da expropriação de terrenos de outros proprietários abrangidos pelo mesmo parque, que se haviam recusado a vender os terrenos à Câmara. O contrato de compra e venda foi *anulado*, nos termos do n.º 2 do art. 252.º, por se ter entendido que os factos configuravam um *erro sobre a base do negócio:* Acórdão da Relação do Porto de 8 de Maio de 1986[7].

Três casos que apresentam *em comum* o facto de o comprador ter declarado que adquiria o bem *para um certo fim* (arruamento, largo público, parque de campismo), vindo a dar-lhe depois um *destino diverso* (construção de prédio urbano[8]) – e que têm também em comum o facto de terem sido reconduzidos ao problema do *erro*, "maxime" do *erro sobre a base do negócio*, hoje previsto no art. 252.º, n.º 2.

Mas há pelo menos um aspecto em que estes casos *se distinguem*: nos dois primeiros terão sido *razões de conveniência das próprias Câmaras* que as levaram a dar à coisa adquirida um destino diferente do que haviam declarado aos vendedores; no último, porém, foram circunstâncias *exteriores* (Acórdão do Supremo Tribunal Administrativo) que *impediram* a respectiva Câmara de fazer aquilo que declarara (o parque de campismo).

Em comum apresentam ainda o facto de ter sido julgado tratar-se de um problema de *erro dos vendedores*: se estes soubessem que ao bem vendido viria a ser dado destino diferente do que esperavam, não teriam feito o negócio: ele só foi efectuado porque os vendedores estavam convencidos de que ao prédio iria ser dado um certo destino.

---

[7] In "Colectânea de Jurisprudência" (CJ), ano XI, tomo 3, p. 190. Observe-se que no BMJ n.º 348, p. 470, se sumaria um outro Acórdão da Relação do Porto, de 13 de Junho de 1985, sobre um caso idêntico.

[8] Excepto no caso do parque de campismo, embora também aí o comprador não tenha dado à coisa adquirida o destino declarado.

E mesmo quando se recusa a anulação por erro, como sucedeu, mais recentemente, com o Acórdão do Supremo Tribunal de Justiça de 26 de Maio de 1994, é porque se julga que não estarão verificados os seus requisitos legais, sem contudo se afastar o *enquadramento do erro* para tal tipo de situações: "in casu", tratava-se de um terreno que a compradora afirmara destinar a parque de estacionamento, tendo mais tarde, porém, construído nele um prédio para habitação[9].

Diga-se desde já que discordamos deste entendimento. A nosso ver, as situações descritas não podem ser enquadradas no âmbito do erro. *Não há aqui nenhum erro*, em sentido *técnico-jurídico*. A existir erro, ele só poderia ser um *erro-vício,* fosse sobre o *objecto* (como decidiu o Acórdão do STJ de 2 de Fevereiro de 1971), fosse sobre a *base do negócio* (entendimento perfilhado pelos Acórdãos do STJ, de 2 de Novembro de 1977, e da Relação do Porto, de 8 de Maio de 1986, e que seria preferível). Simplesmente, *em nenhuma destas situações há erro*, em nenhuma delas ocorre esse *vício da vontade*, em nenhuma delas existe uma *falsa ou deficiente representação da realidade.*

É certo que o comprador não vem a dar à coisa adquirida o destino que *declarara dar-lhe*, destino este que pode ter sido decisivo para o vendedor, pode ter sido determinante da decisão de contratar, de tal modo que *se soubesse* que o comprador viria a dar à coisa outro destino ele não teria contratado. O vendedor, contudo, *não incorreu em erro – o comprador é que não agiu de acordo com aquilo que o vendedor esperava dele.*

E muitas outras situações deste tipo se poderiam ainda figurar.

Assim, por ex., *quid iuris* se A, conhecido apoiante da causa dos consumidores, vender a *B*, associação de defesa do consumi-

---

[9] Este Acórdão do STJ (in BMJ n.º 437, pp. 486,ss) revogou o Acórdão da Relação do Porto de 9 de Fevereiro de 1993 (in CJ ano XVIII, tomo I, pp. 225,ss).

dor, uma casa que esta afirmara destinar à sua sede, tendo-lhe dado depois outro destino?

Quid iuris se *C* vender a sua casa de família a *D*, porque este lhe dissera ir instalar aí a associação cultural da terra, vindo o comprador, contudo, após o negócio se ter realizado, a dar a casa à filha para esta aí viver?

Quid iuris se *E* decidir vender (ou doar!) à Igreja da aldeia a capela da sua casa, que se encontra num imóvel em degradação, e o pároco a destinar depois a garagem para o seu automóvel?

Por último, *quid iuris* se *F* declarar vender a um conhecido clube de futebol da cidade (e do país) uma quinta para o clube instalar aí o seu complexo desportivo, "maxime" o estádio de futebol, e este vier mais tarde a construir, numa parcela do terreno adquirido, um edifício para comércio?

3. Coordenadas do problema

Aqui temos mais um conjunto de situações a evidenciar a enorme importância e actualidade do problema. Observe-se, numa nota adicional, que se, nuns casos, o vendedor porventura sempre teria celebrado o negócio, mas *por preço superior*, em outros casos, porém, ele *não teria celebrado* de todo o negócio se soubesse ou previsse que o destino do bem viria a ser o que o comprador acabou por lhe dar.

Situações semelhantes podem ocorrer no âmbito da *expropriação por utilidade pública*, sendo expressamente reguladas pelo Código das Expropriações. Assim, se no prazo de dois anos, após a data da adjudicação, o bem expropriado *não for aplicado ao fim que determinou a expropriação*, ou se, antes de decorridos vinte anos sobre aquela data, *lhe for dado destino diferente*, pode o expropriado requerer à entidade que declarou a utilidade pública da expropriação que o bem regresse ao seu património, ao abrigo, precisamente, do *direito de reversão*, que a lei consagra para sua garantia[10].

Por conseguinte, se os casos que figurámos atrás, designadamente aqueles que foram já objecto de decisão judicial, tivessem ocorrido no âmbito de uma expropriação por utilidade pública, a solução para eles decorreria directamente do art. 5.º do Código das Expropriações[11]: os bens expropriados *regressariam* ao patri-

---

[10] Cfr. arts. 5.º e 74.º-79.º do Código das Expropriações em vigor, aprovado pela Lei n.º 168/99, de 18 de Setembro. A doutrina sublinha que o *fundamento* do direito de reversão é a garantia constitucional do direito de propriedade privada: assim, expressamente, FERNANDO ALVES CORREIA, *A jurisprudência do Tribunal Constitucional sobre expropriações por utilidade pública e o Código das Expropriações de 1999*, in RLJ ano 132.º, pp. 194 ss (II, n.º 3); no mesmo sentido, J. J. GOMES CANOTILHO/VITAL MOREIRA, *Constituição da República Portuguesa Anotada*, 3ª ed., Coimbra Editora, 1993, anot. XV ao art. 62.º da Constituição. Este entendimento foi também perfilhado pelo Acórdão do Tribunal Constitucional n.º 827/96, de 26 de Junho de 1996 (in DR, II Série, de 4 de Março de 1998), que julgou inconstitucional, por violar o art. 62.º da Constituição, o art. 7.º, n.º 1, do Código das Expropriações de 1976, norma que dispunha que quando a entidade expropriante fosse de direito público não havia direito de reversão, salvo se o expropriado fosse uma autarquia local.

Refira-se, a propósito, que o direito de reversão vem de longe (para não recuarmos mais, basta lembrar que já a Lei 2030, de 22 de Julho de 1948, o consagrava expressamente no seu art. 8.º), pese embora a estranha limitação (que implicava praticamente a sua rejeição) do já referido art. 7.º, n.º 1, do Código das Expropriações de 1976, para voltar a ser retomado, com o figurino que haveria de manter no actual Código, pelo Código das Expropriações de 1991 (art. 5.º).

[11] Note-se, todavia, que a letra da lei era mais explícita na versão anterior do art. 5.º do Código de 1991, prevendo-se aí claramente, como pressuposto do direito de reversão, além dos casos em que os bens expropriados não fossem aplicados ao fim que determinou a expropriação no prazo de dois anos após a adjudicação, também os casos em que tivesse "cessado a aplicação a esse fim". Ora, na redacção actual do art. 5.º do mesmo Código (de 1999), o n.º 1 foi repartido por duas alíneas, não nos parecendo que a alínea b) *coincida* exactamente com aquele segundo pressuposto do Código anterior: é que podem não ter "cessado as finalidades da expropriação" (al. b), redacção

mónio dos seus anteriores proprietários, mediante o exercício do *direito de reversão*[12].

Quid iuris, todavia, se os bens não tiverem sido expropriados, antes transmitidos por força de um vulgar contrato de compra e venda, fora de qualquer processo ou contexto expropriativo?

Um primeiro passo se pode desde já ensaiar: se não houver a mínima referência ao destino do bem, seja no contrato, seja, ao menos, no processo negocial, torna-se em princípio *irrelevante* o destino que o comprador lhe vier a dar; o contrato de compra e venda, em si mesmo, é *neutro* quanto às finalidades ou motivos dos contraentes. Na generalidade dos casos, o comprador paga o preço, recebe a coisa e dá-lhe o destino que muito bem entender, nada tendo o vendedor a ver com isso.

Mas a situação poderá ser diferente quando se declara o destino do bem. Surge então, logo à partida, o problema fundamental de saber *em que termos* releva essa declaração, o que implica ter de se apurar, por *via hermenêutica*, o *valor* que deve atribuir-se à declaração do adquirente sobre o destino do bem.

---

actual), isto é, as finalidades que *justificaram* a expropriação, e, apesar disso, a entidade expropriante passar a dar-lhe outro destino, caso este expressamente contemplado pela redacção anterior da norma, ao contrário do que nos parece suceder actualmente. Mas isso não obsta, de todo o modo, a que as situações de mudança de destino do bem expropriado sejam também abrangidas pela lei em vigor, se não logo pela sua letra, ao menos pela sua *ratio*: pois tal mudança de destino significa que *não se está a aplicar o bem expropriado ao fim que determinou a expropriação*, o que em *princípio* só é possível *20 anos depois* da data da adjudicação (art. 5.º, n.º 1, al. a), e n.º 4, al. a), conjugados).

[12] Acrescente-se que idêntica medida (direito de reversão) existe a favor do proprietário que haja cedido gratuitamente ao município certas parcelas do prédio a lotear para determinado fim (implantação de espaços verdes públicos, por ex.), sempre que tais parcelas acabem por ser destinadas a fins diversos daqueles para que hajam sido cedidas (cfr. arts. 44.º e 45.º do Regime Jurídico da Urbanização e da Edificação: Decreto-Lei n.º 555/99, de 16 de Dezembro, alterado pelo Decreto-Lei n.º 177/2001, de 4 de Junho, que o republica em anexo).

Na expropriação por utilidade pública esse problema nem se põe, pois sabe-se que esta é determinada para a realização de um *interesse ou fim público específico*; daí o direito de *reversão* a favor do expropriado no caso de o bem *não ser* – ou *deixar de ser* – aplicado *a esse fim específico*, verdadeira *razão de ser* da expropriação[13].

Mas já não é assim na compra e venda, a qual se efectua *livremente* e sem ter de indicar o *fim* a que o comprador pretende aplicar o bem. Todavia, se este assumir o *compromisso jurídico* de utilizar o bem para certo *fim específico*, se, portanto, o comprador se *vincular juridicamente* a dar à coisa certo *destino*, pode então o vendedor *resolver* o contrato e, em consequência, *reaver* o bem (arts. 801.° e 433.°), caso o comprador lhe dê um destino ou finalidade *diversa*.

Esta *solução* acaba por *equiparar-se*, no seu resultado prático e no essencial, à que vigora para a expropriação por utilidade pública – o que é natural, porque as situações são igualmente *equiparáveis*, posto assim o problema, do ponto de vista da *vinculação jurídica* do adquirente do bem quanto ao destino a dar-lhe.

Simplesmente, a *dificuldade* reside precisamente aí, a dificuldade está em saber se a declaração relativa ao destino do bem constitui ou não um *compromisso juridicamente vinculante*. É que esta vinculação existe no caso de o bem ser expropriado, *é inerente à expropriação*, o que já não sucede, porém, no contrato de compra e venda. Neste caso, não é da compra e venda, *tout court*,

---

[13] Entendeu o Supremo Tribunal de Justiça, no seu recente Acórdão de 20 de Março de 2001, que é de recorrer ao instituto do *enriquecimento sem causa* quando, efectuada uma expropriação para um fim de utilidade pública, que cessou, e utilizando o Município o terreno expropriado para loteamentos que vendeu com lucros sobre o valor da expropriação, não for possível ao expropriado/empobrecido recorrer a outro meio para ser indemnizado ou restituído, designadamente por a expropriação ter decorrido na vigência do Código das Expropriações de 1976, no domínio do qual os expropriados não tinham direito de reversão (cfr. a CJ-Acs. STJ, ano IX, tomo I, pp. 176,ss).

que pode resultar tal vínculo relativo ao destino do bem, antes de uma *declaração* do adquirente *a que seja de atribuir esse valor.*

E é aí que está o problema. É que nem sempre é claro o sentido que deve atribuir-se a tal declaração, nem sempre é claro saber se o comprador assumiu uma *vinculação negocial sobre o destino do bem.* Trata-se assim de um momento decisivo, este de apurar o *âmbito da vinculação negocial.*

Por outro lado, entre as duas situações-limite – ter o comprador *assumido a obrigação* de aplicar o bem a certo fim ou, pelo contrário, absolutamente *nada constar* do contrato ou do processo negocial a esse respeito –, entre estas duas *situações- -limite,* dizia, há que considerar os casos em que essa declaração sobre o destino do bem existe, mas sem se poder afirmar que ela manifesta uma *vontade* de o comprador se *vincular* a respeito desse destino.

Várias interrogações surgem, neste caso: que sentido tem tal declaração? Que valor deve atribuir-se-lhe? Faz parte do conteúdo do contrato? Como se apura este? Também por via da integração? Estar-se-á perante um simples motivo de alguma das partes, como tal irrelevante? Ou, pelo contrário, fará parte da base do negócio?

Como se vê, há que ponderar várias questões. Uma delas, já o dissemos, é a questão nuclear relativa ao *âmbito da vinculação negocial.* E se for de concluir que se está em face de uma obrigação válida e eficazmente assumida, será a *resolução por não cumprimento* a via que parece mais adequada a tutelar o direito do vendedor.

A nossa jurisprudência tem privilegiado outros caminhos, com destaque para a *anulação por erro.* Já há pouco dissemos que não concordamos com esta perspectiva. E vamos começar precisamente por aqui, partindo do enquadramento dogmático que os nossos tribunais têm perfilhado. Testaremos a seguir outros institutos. E concluiremos com a nossa posição.

4. Erro

De acordo com a lei em vigor, o erro pode ser causa de uma *divergência não intencional* entre a vontade e a declaração ou constituir um *vício da vontade:* no primeiro caso depara-se-nos o *erro-obstáculo ou erro na declaração,* previsto no art. 247.º; no segundo, o *erro-vício,* consagrado nos arts. 251.º e 252.º. Este é sempre, no dizer da lei, um erro nos *"motivos determinantes da vontade"* e pode referir-se à *pessoa* do declaratário ou ao *objecto* do negócio (art. 251.º), ou, pelo contrário, a nenhum deles, sendo esta última hipótese, definida por via negativa, aquela que se designa de *erro sobre os motivos* (art. 252.º, n.º 1), de que o *erro sobre a base do negócio* constitui uma situação especial (art. 252.º, n.º 2)[14].

Como vimos antes, há jurisprudência que tem decidido, no tocante ao problema que aqui nos ocupa, existir *erro sobre a base do negócio* por, "grosso modo", o vendedor não ter sabido, quando contratou, que o comprador iria dar à coisa destino diferente do que declarara, sendo certo que ele só vendeu por estar convencido de que a coisa iria ter outro destino, em conformidade com o que ele pensava e lhe havia sido declarado. Veja-se, a título ilustrativo, o Acórdão da Relação do Porto de 8 de Maio de 1986:

> "E se os Autores *tivessem sabido* da impossibilidade para a Ré de construir no local o pretendido Parque de Campismo *não tinham feito a venda* do terreno em questão, como a não tinham feito *se tivessem admitido* que a construção desse Parque de Campismo iria ser feita ou iniciada não imediatamente mas quatro ou cinco anos depois.
>
> Ora tais factos, significativos de que os Autores *só venderam por estarem convencidos de que o terreno era*

---

[14] Pode ver-se, por todos, C. MOTA PINTO, *Teoria Geral do Direito Civil,* cit., pp. 505-508 e 514 e ss.

para construção, a curto prazo, do Parque de Campismo, *ao contrário da posteriormente verificada não efectivação de tal construção,* a fazer pela Ré compradora, que provocou a dita convicção dos vendedores, *são factos configurativos de erro sobre a base do negócio* que definimos, prevista no n.º 2 do art. 252.º (...)"[15].

A nosso ver, porém, e salvo o devido respeito, não há aqui qualquer erro, em sentido próprio, técnico-jurídico. *Não se desconhece a realidade nem se faz dela uma falsa ou deficiente representação* – e só nesse caso é que haveria erro, é que a vontade estaria viciada, como sucederia, por exemplo, se à data da celebração do contrato já tivesse sido proferido o Acórdão do STA ou existisse qualquer outro impedimento à construção do parque de campismo, ignorado pelos vendedores. Ora, como as coisas se passaram, poderá dizer-se que se "erra", sim, *quanto ao futuro,* mas isso *não é um erro* em sentido próprio, é uma falha na *previsão,* é uma *falsa ou deficiente previsão,* cujo enquadramento adequado é o art. 437.º.

Não se mostra necessário recorrer actualmente ao chamado "error in futurum", perante a consagração clara, pelos arts. 437.º e ss., do instituto da alteração das circunstâncias. *Uma deficiente previsão do evoluir das circunstâncias* – um "error in futurum" *– releva se e na medida em que se verifiquem os requisitos do art. 437.º; não é um caso de erro nem tem autonomia em face desta norma.*

Na verdade, o erro-vício consiste no desconhecimento ou numa falsa representação da *realidade;* se, pelo contrário, a falsa representação se reportar ao *futuro,* é a *previsão* que falha ou o quadro de acontecimentos *pressuposto* que não se verifica ou evolui em termos diferentes do previsto, caso em que será de recorrer ao instituto da *alteração das circunstâncias* e apurar se

---

[15] CJ ano XI, tomo 3, cit., p. 191 (sublinhado nosso).

essa falsa representação reúne os pressupostos que este instituto requer para relevar juridicamente.

Figure-se o seguinte exemplo de escola. Uma empresa de construção compra um terreno para aí construir um prédio urbano com determinadas características: o caso configura (ou pode configurar) uma hipótese de erro sobre a base do negócio (e eventualmente até de erro sobre o objecto) *se tivesse sido já aprovada* uma deliberação da respectiva Câmara Municipal a destinar aquele terreno a zona verde ou a uma qualquer estrada (ou, porventura, se houvesse já uma decisão do Governo a impor a co-incineração, por uma qualquer cimenteira próxima, de resíduos tóxicos!), *sem que o comprador soubesse;* mas já será um caso a enquadrar no instituto da alteração das circunstâncias se essa deliberação só vier a ocorrer *posteriormente* à celebração do negócio.

Por isso é largamente dominante a opinião segundo a qual o *erro se reporta ao presente ou ao passado* enquanto a *pressuposição* se refere ao *futuro.* Era já essa, na vigência do Código de Seabra, a posição clara de MANUEL DE ANDRADE[16] e de GALVÃO TELLES[17]. Na actualidade, com o Código Civil de 1966, saiu reforçada a defesa dessa posição[18], expressamente assumida por MOTA

---

[16] "As soluções a que vamos chegar quanto à teoria da pressuposição são muito próximas daquelas a que chegámos quanto ao erro acerca da causa. Mas a distinção pode estabelecer-se nos seguintes termos: estaremos no *domínio da pressuposição* se a circunstância ou situação pressuposta se referir ao *futuro;* estaremos já na *teoria do erro* se tal acontecimento ou estado de coisas se referir ao *presente ou ao passado":* MANUEL DE ANDRADE, *Teoria Geral da Relação Jurídica*, vol. II, Coimbra, 1972 (reimp.), p. 404.

[17] "O erro tem de respeitar a circunstâncias *passadas* ou *presentes.* Quanto ao futuro, não pode haver *erro* mas *imprevisão":* INOCÊNCIO GALVÃO TELLES, *Manual dos Contratos em Geral,* 3ª ed, Lisboa, 1965, p. 76, nota (2)

[18] Ver, no entanto, PIRES DE LIMA/ANTUNES VARELA, *Código Civil Anotado*, vol. I, 4ª ed., com a colaboração de M. HENRIQUE MESQUITA, Coimbra, 1987, p. 236 (anot. n.º 3 ao art. 252.º), *parecendo* depreender-se que admitem, ainda hoje, o "error in futurum" (assim, extensamente, DURVAL FERREIRA,

PINTO[19] e a generalidade da doutrina, designadamente OLIVEIRA ASCENSÃO[20], CARVALHO FERNANDES[21], HÖRSTER[22], FERRER CORREIA/VASCO XAVIER[23], ALMEIDA COSTA[24] e VAZ SERRA[25/26].

Erro negocial e alterações das circunstâncias,cit., *passim*). Ver ainda, mas no domínio do Código antigo, ANTUNES VARELA, *Ineficácia do testamento e vontade conjectural do testador*, Coimbra, 1950, pp. 263, ss e 323 e ss.

[19] "Segundo o ensinamento tradicional a *pressuposição* refere-se ao *futuro* (faltará quando houver uma alteração superveniente de circunstâncias) e o *erro* refere-se ao *presente* ou ao *passado*. O *erro* consiste numa ignorância ou falsa representação, relativas a circunstâncias passadas ou presentes, isto é, *à situação existente no momento da celebração do negócio*. A pressuposição consiste na *representação inexacta de um acontecimento ou realidade futura que se não vêm a verificar* (a pressuposição, quando falha, não traduz um *erro*, mas uma *imprevisão*)": MOTA PINTO, *op. cit.,* p. 507 (os itálicos são nossos, excepto os dois últimos).

[20] "Foi observado que o erro, como falsa *representação da realidade,* só se pode referir a circunstâncias actuais.

Não se está em erro sobre o futuro. Pode-se falhar uma previsão; mas quando se prevê não se versa ainda em erro, pois não há nenhuma representação sem correspondência na realidade.

Por isso foi desenvolvida a teoria da *pressuposição.*

(...)

O art. 252.º/2 só pode respeitar a uma falsa representação da realidade (*presente*).

Tudo o que respeite a alterações *futuras* cai no art. 437.º"": OLIVEIRA ASCENSÃO, *Teoria Geral*, cit., vol. III, pp. 125 e 126 (itálicos nossos).

[21] "Se as partes, ao celebrarem determinado negócio, dão como verificadas certas circunstâncias, que *não existem ou são diferentes das que elas tomaram como certas,* há erro. Realce-se (embora isso resulte do próprio conceito de erro) que essas circunstâncias devem ser *contemporâneas* do negócio ou *passadas* (...).

Este requisito do erro sobre a base do negócio (...) demarca-o da figura da *pressuposição.* Com efeito, na pressuposição *não se verificam, no futuro, circunstâncias que determinaram as partes a contratar*": LUÍS A. CARVALHO FERNANDES, *Teoria Geral do Direito Civil*, vol. II, 3ª ed., Lisboa, 2001, pp. 163-164 (itálicos nossos).

[22] "No fundo, o n.º 2 do art. 252.º e o n.º 1 do art. 437.º dizem respeito à mesma figura jurídica, a base negocial e ao seu tratamento jurídico, *olhando*

aquele para o presente e este para o futuro": HEINRICH EWALD HÖRSTER, *A Parte Geral do Código Civil Português. Teoria Geral do Direito Civil,* Coimbra, 1992, p. 580 (itálico nosso).

[23] "A ser assim, e caso aquele primeiro juízo dos estipulantes, *referido ao momento do contrato,* não tivesse correspondido à realidade, estaríamos perante *um erro sobre os motivos do negócio.* Na hipótese de *só posteriormente à conclusão do convénio se ter deixado de verificar o facto pressuposto,* estaríamos então perante uma *alteração das circunstâncias* que determinaram a estipulação".

E acrescentam:

"No que dizemos vai implícito que *não consideramos o chamado error in futuro como pertencente ao domínio do erro em sentido técnico,* tal como na lei é previsto e regulado. Esta doutrina que já antes do Código Civil de 1966 era a defendida pelos nossos melhores autores (...), resulta hoje dos textos deste diploma e parece ser pacífica (...)": A. FERRER CORREIA/V. G. LOBO XAVIER, *Contrato de empreitada e cláusula de revisão: interpretação e erro; alteração das circunstâncias e aplicação do art. 437.º do Código Civil,* separata da "Revista de Direito e Economia" (RDE), Coimbra, 1978 (pp. 83 e ss), p. 116 e nota (15) (itálico nosso).

[24] "No esquema amplo da referida doutrina as pressuposições podem, como verificámos, referir-se ao passado, ao presente ou ao futuro. Mas é observação corrente que a teoria só revela interesse autónomo quanto ao «error in futurum». Os restantes casos reconduzem-se ao problema geral da relevância do erro vício da vontade". E mais adiante, ao analisar a solução do direito português:

"A nossa lei opera com o conceito de base do negócio a propósito do *erro-vício* e da *pressuposição,* que, respectivamente, se referem a circunstâncias ou factos *pretéritos ou presentes* e a circunstâncias ou factos *futuros.* É neste segundo domínio que o problema aqui mais interessa".

(...)

"Em ambas as situações previstas pelo art. 252.º (...) está-se no âmbito da teoria do *erro-vício.* Trata-se de circunstâncias ou factos passados ou presentes, em relação à data do contrato.

O problema que nos ocupa, pelo contrário, situa-se na área do «error in futurum», isto é, da *pressuposição.* Dispõe o art. 437.º, n.º 1(...)": M. J. ALMEIDA COSTA, *Direito das Obrigações,* 9ª ed., Coimbra, 2001, pp. 293, 298 a 300.

[25] VAZ SERRA, *Resolução ou modificação dos contratos por alteração*

Não se afigura correcto afirmar, por conseguinte, como faz o Acórdão do STJ de 2 de Fevereiro de 1971 e, na sua esteira, o Acórdão da Relação do Porto de 8 de Maio de 1986, que "o âmbito do erro-vício não se limita às representações concernentes ao passado ou ao presente, abrangendo, portanto, também as representações referentes a circunstâncias futuras"[27]. Pelo contrário, como dissemos, o erro tem a ver com a *ignorância* ou *falsa representação* da *realidade* – logo, de circunstâncias ou factos *já ocorridos, no passado* ou no *presente;* a pressuposição, por sua vez, reporta-se ao *futuro,* tem a ver com a convicção, determinante da decisão de contratar, de que as circunstâncias se manterão no futuro ou *evoluirão* em determinado sentido. Não é hoje necessário submeter o chamado *"error in futurum"* à teoria do erro – ele reconduz-se, com toda a naturalidade, ao instituto da *alteração das circunstâncias.*

Esta é a boa doutrina, que nos agrada encontrarmos igualmente subscrita pela nossa jurisprudência, mormente pelos Acórdãos do STJ de 10 de Dezembro de 1974[28], da Relação do Porto

---

das circunstâncias, no BMJ n.º 68 (pp. 293 e ss.), p. 317, nota (44), bem como, do mesmo Autor, a anotação ao citado Acórdão do STJ de 2 de Fevereiro de 1971, na RLJ ano 104.º (pp. 361 e ss), pp. 364, 1ª coluna, 1.º parágrafo, e 367, 1ª coluna, 1.º e 2.º parágrafos.

26 MENEZES CORDEIRO, *Da boa fé no direito civil*, vol. II, Coimbra, 1984, pp. 1084-1085, por sua vez, propõe o critério da "previsibilidade" para delimitar o erro da alteração das circunstâncias, incluindo no erro a "alteração previsível" (ver ainda, do mesmo Autor, *Da alteração das circunstâncias*, separata dos "Estudos em Memória do Prof. Doutor Paulo Cunha", Lisboa, 1987, pp. 36-39, n.º 7).

27 BMJ n.º 204, cit., p. 135, CJ ano XI, tomo 3, cit., p. 191, 1ª coluna, respectivamente.

28 "Não é susceptível de integrar o chamado erro sobre a base negocial do artigo 252.º do Código Civil [a] mera circunstância relativa à execução das cláusulas do contrato, como tal posterior à feitura deste": BMJ n.º 242, p. 254.

de 9 de Fevereiro de 1993[29] e da Relação de Coimbra de 1 de Março de 1995[30].

É de estranhar, por isso, que, nos casos de mudança de fim, a jurisprudência *não mantenha a mesma posição*, a qual a levaria a *afastar* do âmbito do erro tais situações. Talvez por se chegar assim à solução que, em concreto, se afigura a mais justa. Mas ainda que essa seja a melhor solução, ela não pode ser obtida com base em juízos *apriorísticos* ou de menor *rigor dogmático*, em qualquer caso com sacrifício da *ratio* de cada instituto e das normas legais que o acolhem.

O que acabamos de dizer *não obsta* a que, por vezes, se possa efectivamente tratar de um *erro do vendedor*. Já mostrámos não ser esse o caso do "error in futurum", assim como entendemos que não era esse o enquadramento adequado nos casos do arruamento, do largo público e do parque de campismo, ou em outros do mesmo género. Mas já nos parece correcto situar nos quadros do erro a situação julgada pelo Acórdão da Relação do Porto de 9 de Fevereiro de 1993, por seguir o *critério adequado*. Aí se ajuizou, com acerto:

> "No caso presente trata-se de um *vício na formação do contrato*, de um *erro* sobre as potencialidades construtivas de um terreno, *referido ao momento da celebração do contrato*, provocado por uma *falsa informação* da contraparte sobre o *destino* da coisa vendida"[31].

---

[29] "A *resolução* é um modo de extinção do contrato, de ineficácia deste em consequência, não dum vício de formação do contrato, mas dum *facto posterior à sua celebração*, normalmente de um facto que *veio iludir as legítimas expectativas* de um dos contraentes, seja um *facto da contraparte (inadimplemento de uma obrigação)*, seja um *facto natural ou social (alteração das circunstâncias básicas do negócio)*": CJ, ano XVIII, tomo I, p. 227.

[30] "Há erro sobre os motivos quando se forma uma ideia inexacta sobre a existência, permanência ou verificação de certa circunstância *presente ou actual*, de forma que sem ela a declaração não teria sido emitida ou não o teria sido nos termos em que o foi": CJ ano XX, tomo II, p. 5 (o itálico é nosso).

[31] Cfr. *supra*, nota 29.

Pode acontecer, com efeito, que o vendedor efectue o negócio por estar convencido – o que para si foi determinante – que o comprador irá dar ao bem um certo destino, quando na realidade a intenção deste é outra. O que pode ficar a dever-se, por exemplo, a uma deficiente interpretação do comportamento do comprador ou, mesmo, a alguma informação falsa ou incorrecta por parte deste. Mas então o que está em causa é uma *deficiente formação da vontade*; em rigor, *não é de uma alteração do destino do bem* que se trata, antes de uma *errada convicção sobre o destino que o comprador pretende dar ao bem*. É um problema a equacionar em sede de *erro*.

E nem será sequer de excluir a possibilidade de *dolo* do comprador, quando exista a *intenção* de enganar a outra parte, nos termos do art. 253.º. Caso em que, além da *anulação* do contrato, conforme dispõe o art. 254.º, haverá lugar a uma indemnização por *responsabilidade pré-contratual*, nos termos do art. 227.º. Partimos do princípio, para ser assim, que, *à data do negócio*, existe já a intenção de dar ao bem um destino diferente, que os artifícios dolosos são *anteriores* ou *contemporâneos* da celebração do contrato.

Esse poderá ser o caso quando o interessado em adquirir o bem presta *falsas informações* sobre o destino que pretende dar--lhe. Mas nem sempre, pois tal procedimento, apesar de incorrecto, pode não ter sido feito com a *intenção* de enganar o declarante. O Tribunal da Relação do Porto, no seu Acórdão de 9 de Fevereiro de 1993, considerou aplicável, como vimos, o regime do *erro* sobre a base do negócio, embora o mesmo tivesse sido provocado por uma *falsa informação* da contraparte sobre o destino da coisa vendida.

Mas talvez não seja de ir tão longe como foi o Supremo Tribunal de Justiça no seu Acórdão de 26 de Maio de 1994 (que revogou aquele Acórdão da Relação do Porto), afirmando que a conduta do comprador – o qual durante as negociações sempre dissera destinar o imóvel a um fim diferente daquele que correspondia à sua intenção – que essa conduta, dizia, "não integra a figura de erro qualificado por dolo porque, em princípio, o comprador não está obrigado, quer por lei, quer pelos ditames da boa fé na contratação, a informar o vendedor acerca do destino que dará à coisa que compra, o que, nos termos do n.° 2 do citado artigo 253.°, exclui a ilicitude do comportamento através do qual o comprador procura induzir o vendedor acerca deste destino (...)"[32].

Dizemos que não será de ir tão longe quanto foi o Supremo neste caso porque uma coisa é *não se informar ou não se esclarecer* o declarante, quando não existe tal dever; outra coisa, bem diferente, é alguém prestar uma *informação* a que não estava obrigado, é certo, mas essa informação ser *falsa* e ser determinante da decisão de contratar ou, pelo menos, dos termos em que se contrata. Ainda neste caso, se não existir, apesar de tudo, a *intenção* de enganar, não haverá dolo; mas nem por isso ficará precludido o recurso a uma indemnização por *responsabilidade pré-contratual*, a cargo de quem emitiu essa falsa informação. Trata-se de um *erro provocado culposamente* ou de uma *violação culposa do cuidado exigível*, relevante nos termos do art. 227.°[33].

Ainda a respeito do dolo, esse poderá ser o caso quando uma câmara municipal "consegue que os particulares lhe vendam terrenos, *criando-lhes a convicção* de que os mesmos se destinavam a *parque de campismo* e que, *se não os negociassem*, seria desencadeado o respectivo processo de *expropriação*, obtendo, desse modo, os terrenos por *metade* do preço corrente e vindo a vendê-los posteriormente como terrenos *para constru-*

---

[32] BMJ n.° 437 (pp. 486,s), p. 498.

[33] Cfr., no mesmo sentido, Mota Pinto, *Teoria Geral*, cit., p. 519, nota (1), e Menezes Cordeiro, *Da boa fé no direito civil*, vol. I, Almedina, Coimbra, 1984, p. 583. E não será sequer de excluir que, pela via da *indemnização em forma específica*, se possa chegar a um efeito equivalente ao da anulação do negócio, com a *restituição* da coisa por força da *desvinculação* operada – mas este é já um *outro problema*, do maior interesse, sem dúvida, que todavia aqui não importa tratar.

ção por preço substancialmente *superior*"[34]: todavia, a Relação do Porto, ainda neste caso, porventura um tanto estranhamente, não foi pelo dolo, antes pela via do erro sobre a base do negócio[35].

Em suma, para concluir este ponto, após termos percorrido os caminhos *do erro*, do *dolo* e da *responsabilidade pré-contratual*, verificamos que em certos casos eles poderão acolher situações próximas ou do tipo das que figurámos – mas importa sublinhar que esta via só é possível quando estivermos perante uma *deficiente formação da vontade*. Não se trata, então, em rigor, de uma *mudança* do destino do bem (ainda que a declaração negocial lhe atribuísse um fim diferente daquele a que veio a ser aplicado), pois o comprador sempre terá querido dar-lhe *esse* (*o mesmo*) destino, haja ou não provocado o erro do vendedor, e com ou sem intenção de o enganar.

Mas esta via já não será adequada aos *casos-tipo* que figurámos e de que constituem exemplo paradigmático os casos do arruamento, do largo público e do parque de campismo, com que ilustrámos a importância do problema em análise. Pese embora a solução que lhes foi dada, com base no regime do erro, não nos parece que seja esse o enquadramento correcto, em face da prova produzida. É para estas situações de *mudança de fim* que importa encontrar o fundamento adequado.

5. Alteração das circunstâncias

Perguntar-se-á, então, perante uma situação de *mudança de fim*, em que o comprador vem a dar ao bem um destino *diferente*

---

[34] Acórdão da Relação do Porto de 15 de Maio de 1995, in BMJ n.º 447, p. 562.

[35] Apesar de tudo, ter-se-á porventura entendido que não estaria provada a *intenção* de enganar! Não podemos ir mais longe, pois deste Acórdão só o sumário foi publicado.

do que havia declarado, e que na altura correspondia efectivamente à sua intenção, perguntar-se-á se não será de recorrer ao instituto da *alteração das circunstâncias* para, nesta sede, encontrar a resposta para o problema.

O caminho parece *atractivo*. Pois dir-se-á que as circunstâncias em que as partes fundaram a decisão de contratar – destinação do bem a um certo fim – sofreram uma alteração anormal, não coberta pelos riscos próprios do contrato, sendo gravemente contrário à boa fé *manter* o negócio ou, pelo menos, mantê-lo *nos termos* em que foi celebrado. O vendedor poderá, nesta linha, *resolver* o contrato ou conseguir a sua *modificação* segundo juízos de equidade (art. 437.º). Mas esta via está cheia de *dificuldades*![36]

---

[36] O próprio instituto da alteração das circunstâncias se vê confrontado com posições tendentes a reduzir o seu campo de aplicação, mercê, designadamente, do recurso às teorias do risco, da protecção da confiança e da interpretação contratual: v., por ex., MENEZES CORDEIRO, *Da alteração das circunstâncias*, cit., pp. 27,ss, n.ºs 4 e ss, ALMEIDA COSTA, *Direito das Obrigações*, cit., p. 296, A. PINTO MONTEIRO/JÚLIO GOMES, *A "hardship clause" e o problema da alteração das circunstâncias (breve apontamento)*, in "Juris et de jure – Nos 20 anos da Faculdade de Direito da UCP – Porto", Porto, 1998 (pp. 17,ss), pp. 39-40, nota 44, GERNHUBER/GRUNEWALD, *Bürgerliches Recht*, 4ª ed., Beck, München, 1998, pp. 59-61, DIETER MEDICUS, *Bürgerliches Recht*, 18ª ed., Carl Heymanns Verlag, Köln, Berlin, Bonn, München, 1999, pp. 101,ss, e WOLFGANG FIKENTSCHER, *Die Geschäftsgrundlage als Frage des Vertragsrisikos*, Beck, München, 1971, pp. 22,ss, e *passim*.

Particularmente discutida entre nós é a questão relativa à conjugação das regras do risco, consagradas no art. 796.º, com o regime da alteração das circunstâncias, previsto no art. 437.º: a favor da prevalência das primeiras, v. VASCO XAVIER, *Alteração das circunstâncias e risco (Parecer)*, in CJ, ano VIII, tomo V, pp. 17,ss, C. MOTA PINTO, *Teoria Geral,* cit., p. 603, bem como a declaração de concordância do Autor junto ao Parecer de VASCO XAVIER, e MENEZES CORDEIRO, *op. cit.,*, pp. 39,ss, n.º 8; no sentido oposto, cfr. o Parecer de ANTUNES VARELA, com a colaboração de M. HENRIQUE MESQUITA, sobre *Resolução ou modificação do contrato por alteração das circunstâncias*, in CJ, ano VII, tomo II, p. 7,ss; distinguindo, numa posição intermédia, entre

Logo à partida surge o problema fundamental de saber se o destino do bem faz parte da *base do negócio,* se o destino do bem se inclui entre as circunstâncias *determinantes* da decisão de contratar, ou se, pelo contrário, ele não passa de simples *motivo,* juridicamente irrelevante, salvo acordo das partes. Problema difícil, mas cuja decisão terá de começar por ser ponderada em sede *interpretativa* (art. 236.º).

De todo o modo, casos há em que o recurso ao art. 437.º suscita menos hesitações. É o que sucederá em situações idênticas às que vêm sendo favoravelmente decididas com fundamento no regime do erro sobre a base do negócio.

Efectivamente, exemplificando com os casos já decididos pela nossa jurisprudência através da aplicação do regime do erro, "maxime" os do largo público e do parque de campismo, recorde--se que se deu como *provado* ter havido erro sobre a *base do negócio.* Vimos já que não é correcta essa *qualificação,* no que diz respeito ao erro, mas o que queremos agora deixar claro é que *essa mesma prova* levará, em princípio, à aplicação *directa* do art. 437.º. Pois uma vez provado o *desaparecimento da base do negócio,* o passo correcto está no recurso ao art. 437.º[37]; dando--se como *provada* a verificação dos *requisitos* do art. 437.º para efeitos de *anulação* por erro, ter-se-á de dar igualmente como *provada* a verificação desses requisitos para efeitos da *resolução*

"riscos normais" e "riscos anormais", GUILHERME DE OLIVEIRA, *Alteração das circunstâncias, risco e abuso do direito, a propósito de um crédito de tornas (Parecer),* in CJ, ano XIV, tomo V (pp. 19,ss), pp. 23,ss, bem como, de certo modo, também ALMEIDA COSTA, *op. cit.,* pp. 311-312.

[37] Se não existia já, na data do contrato, a base do negócio, o problema será de erro; se vem a desaparecer posteriormente, o problema é de alteração das circunstâncias: v., neste sentido, VAZ SERRA, *Resolução ou modificação dos contratos por alteração das circunstâncias,* cit., p. 381, nota 157, e RUI DE ALARCÃO, *Breve motivação do Anteprojecto sobre o negócio jurídico na parte relativa ao erro, dolo, coacção, representação, condição e objecto negocial,* in BMJ n.º 138 (pp. 71,s), pp. 93-94.

ou *modificação* do contrato, por aplicação *directa* da mesma norma[38].

Mas há outras ordens de dificuldades a analisar. Desde logo, a que tem que ver com o *tipo de impedimentos* à realização do fim contratual, com a *índole das circunstâncias* que obstam a que se dê ao bem adquirido o destino declarado.

Casos há em que a solução parece mais fácil. É o que sucede quando o comprador não dá à coisa adquirida o destino que declarara em *virtude de circunstâncias exteriores que o impediram de fazer isso*: o recurso ao art. 437.° afigura-se constituir a via adequada.

Sirva de exemplo o caso decidido pelo Acórdão da Relação do Porto de 8 de Maio de 1986, o qual, como dissemos, deveria ter sido enquadrado em sede de *alteração das circunstâncias* – e não de erro –, pois o parque de campismo só não foi construído porque a Câmara se viu *impedida*, por força de circunstâncias *exteriores* ocorridas *posteriormente* à celebração do contrato de compra e venda do terreno.

É certo que, em princípio, o recurso ao art. 437.° está reservado aos contratos *ainda não completamente cumpridos*. Ora, na situação que vimos analisando – e em outras do mesmo tipo – parece que o contrato já estaria cumprido, o que deveria levar ao afastamento daquela norma. Mas não é forçosamente assim. Tem-se entendido que *excepcionalmente* é de admitir o recurso ao art. 437.° mesmo depois do cumprimento das prestações "quando o fim contratual só no futuro deve realizar-se e doravante se torna inatingível"[39]. É o que sucede, a nosso ver, na situação apontada.

---

[38] Entendemos, com a doutrina dominante (cfr., *supra*, nota 4), que a remissão do art. 252.°, n.° 2, é só para os *pressupostos* do art. 437.° e não também para a *sanção* aplicável.

[39] MOTA PINTO, *Teoria geral*, cit., p. 603, citando LARENZ. E ilustra a afirmação com o exemplo de alguém comprar e pagar logo, para instalação de uma indústria, um terreno sáfaro, vindo a ser posteriormente recusada autorização sanitária para a instalação da indústria naquele local. No mesmo sentido,

Outras vezes, porém, será o comprador que *muda de opinião*, dando ao bem adquirido destino diferente do que declarara, ou, de todo o modo, será o comprador que *decide* utilizar a coisa para fim diverso. A ideia que imediatamente ocorre é a do incumprimento, *com o consequente* direito de resolução *do contrato*.

É esta uma outra via possível, e talvez até, em certos casos, a mais adequada. Iremos analisá-la. Mas por agora estamos a perspectivar o problema em sede diferente, em sede de alteração das circunstâncias. Interessa, de momento, por isso, continuar a partir do princípio de que a declaração relativa ao fim *não foi incluída no contrato*, que não há aqui qualquer *obrigação*, por parte do comprador, de dar à coisa certo destino.

Assim sendo, a questão, agora, é a de saber se poderá o vendedor socorrer-se do art. 437.º para obter a resolução ou a modificação do contrato quando a *mudança de fim* se deve, tão-só, a uma *mudança de opinião* do comprador, ainda que porventura justificada[40].

Embora nos pareça que não será propriamente este tipo de situações que o instituto em causa visa abranger, poder-se-á ser tentado a responder afirmativamente dizendo, com VAZ SERRA, "que o vendedor partira de um pressuposto sem o qual não teria contratado, esse pressuposto era conhecido do comprador e este, se aquele lhe tivesse proposto uma cláusula correspondente, a teria aceitado ou devido aceitar de acordo com a boa fé, ou já

---

além de LARENZ, *Lehrbuch des Schuldrechts*, vol. I, *Allgemeiner Teil*, 14ª ed., München, 1987, p. 329, também ALMEIDA COSTA, *Direito das Obrigações*, cit., pp. 310-311, e MENEZES CORDEIRO, *Da alteração das circunstâncias*, cit., pp. 70-71, n.º 12, VI; outra parece ser a posição de FERRER CORREIA/LOBO XAVIER, *Contrato de empreitada e cláusula de revisão*, cit., p. 125, e de ANTUNES VARELA/HENRIQUE MESQUITA, *Resolução ou modificação do contrato por alteração de circunstâncias*, cit., pp. 9-10.

[40] Pode haver uma diferente avaliação dos interesses em jogo, designadamente do interesse público, tratando-se, por ex., de câmaras municipais, até porque pode entretanto ter mudado o respectivo presidente, na sequência de eleições autárquicas...

que, independentemente disso, a boa fé impõe a resolução ou modificação do contrato"[41].

Até porque, de outro modo, acrescentar-se-á, o vendedor ficaria em *pior* situação nos casos em que a conduta da outra parte mais justificaria a protecção dos interesses do primeiro, através da resolução ou da modificação do contrato. Pois, a não ser assim, haveria fundamento para reagir quando a mudança de fim fosse devida a circunstâncias exteriores às partes e já não quando ela se devesse a uma pura *opção* do comprador![42]

Mas o problema poderá estar justamente aí. É que se o fim não tiver sido incluído no contrato e se não for objecto de uma qualquer obrigação a cargo do comprador, poderá este, então, dispor livremente da coisa como entender. Procurar, pela via do instituto da alteração das circunstâncias, reagir contra este comportamento do comprador, poderá não se afigurar a melhor solução.

---

[41] Na RLJ ano 104.°, cit., p. 367. Esta formulação da doutrina da base do negócio corresponde, como se sabe, à que foi perfilhada por MANUEL DE ANDRADE (*Teoria Geral da Relação Jurídica*, II, cit., pp. 406-407), na linha de LEHMANN. Recorde-se, sobre a evolução das várias doutrinas (registem-se, como momentos históricos fundamentais, a velha cláusula *rebus sic stantibus*, a doutrina da *pressuposição* de Windscheid e a doutrina da *base do negócio* de Oertmann), por todos, ANTUNES VARELA, *Ineficácia do testamento e vontade conjectural do testador*, cit., pp. 263,ss e 323,ss, CARVALHO FERNANDES, *A teoria da imprevisão no direito civil português*, no BMJ n.° 128, entretanto reimpressa com nota de actualização, Quid Juris Editora, Lisboa, 2001, e, na Alemanha, onde o problema tem sido especialmente debatido e aprofundado, LARENZ, *Geschäftsgrundlage und Vertragserfüllung*, 3ª ed., Beck, München e Berlin, 1963, e VOLKER EMMERICH, *Das Recht der Leistungsstörungen*, 4ª ed., Beck, München, 1997, pp. 309,ss.

[42] O que compreensivelmente se vem exigindo é que a alteração das circunstâncias *não seja imputável* a quem pretende valer-se disso, ou, como diz LARENZ, essa alteração deve ficar fora da esfera de influência ou do "Betriebsrisiko" da parte lesada: cfr. *op. ult. cit.*, pp. 100,107 e 185.

Em suma, sendo certo que o instituto da alteração das circunstâncias poderá constituir, em muitos casos, uma via adequada à solução do problema, esta não parece, contudo, ser a *única* ou sequer, por vezes, a *mais indicada*. Isto sem esquecer, ainda, as inúmeras *dificuldades* que a sua aplicação prática suscita.

6. Não cumprimento

Dissemos já que a mudança de fim pode representar uma situação de *inadimplemento contratual*. Mas isto só será assim se o comprador tiver assumido a *obrigação* de dar à coisa um certo destino.

Já sabemos que esta obrigação não faz parte do *tipo* compra e venda, ela não se inclui entre as obrigações que identificam este *tipo contratual* (arts. 874.° e 879.°). Torna-se assim necessário que, no *caso concreto,* o comprador haja assumido, *além* da obrigação típica de pagamento do preço, uma outra obrigação, *adicional* (que pode até ter-se repercutido naquela, justificando um preço menor), *a obrigação*, precisamente, de utilizar a coisa para *um certo fim* (uma rua, um jardim, uma associação cultural, etc). Esta obrigação não resulta do tipo, *mas do acordo das partes*, sem todavia desfigurar aquele, ao abrigo do princípio da *liberdade contratual* (art. 405.°).

A *finalidade* declarada pelo comprador ao vendedor é deste modo *incluída* no negócio, passa a fazer parte do seu *conteúdo* – o que impede a colocação do problema em sede de alteração das circunstâncias –, enquanto *obrigação* assumida pelo primeiro no âmbito do *programa contratual* traçado pelas partes. Assim, existindo, do lado do comprador, a *obrigação* de dar à coisa um certo destino, haverá *incumprimento* caso lhe venha a dar *destino diverso*.

Em face disto, goza o vendedor, designadamente, do direito de *resolução* (art. 801.°, n.° 2). Tratando-se, como parece ser o caso, de um não cumprimento *parcial*, a solução terá de ser equacionada em face do disposto no art. 802.°, o que pode justificar na mesma, à luz do interesse do credor, a resolução do contrato ou, tão-só, uma simples indemnização.

Assim como pode o vendedor, nos termos gerais, socorrer-se de outras medidas, entre as quais a *acção judicial de cumprimento* (art. 817.°), incluindo a *execução específica* (art. 828.°). O que é susceptível, todavia, de levantar *dificuldades acrescidas*, "maxime" quando esteja em causa a avaliação e prossecução do *interesse público*, como sucederá estando envolvidas câmaras municipais. Neste caso, tendo ainda em conta os poderes de autoridade e a competência da Administração, será a via *resolutiva* – equiparável, "grosso modo", ao direito de reversão – a via mais adequada.

Mas nem sempre a situação surge com esta clareza, nem sempre se retirará do acordo das partes, por via interpretativa, uma conclusão segura quanto à *natureza* da declaração sobre o destino do bem. Pode tratar-se de um *compromisso juridicamente vinculativo*, sem dúvida; mas cremos que esta não é a situação vulgar. Pelo que, em muitos casos – naqueles em que não se mostre ajustado o regime do incumprimento ou o da alteração das circunstâncias –, o problema subsiste.

7. Enriquecimento sem causa

É claro que poderá haver lugar para o instituto do *enriquecimento sem causa* (arts. 473.°,ss). Com a consequência de o assim enriquecido dever *restituir* aquilo com que injustamente se locupletou.

Atente-se, com efeito, que muitas vezes o preço terá sido *inferior* ao que seria em condições normais precisamente por ter sido tomada em conta a *finalidade* a que o bem iria ser destinado (a uma associação cultural, por exemplo, a um lar para idosos, a um jardim-escola); ou, de todo o modo, o preço terá sido *inferior* ao que seria se o vendedor soubesse que o destino iria ser a construção de prédios para *fins habitacionais* e não o jardim, o largo público ou o parque de campismo que a câmara municipal declarara ir aí fazer. O instituto do enriquecimento sem causa parece, com naturalidade, ajustar-se a tais situações.

Indo mais longe, dir-se-á, mesmo, que se está perante um tipo de situações que se enquadra numa das hipóteses que a lei especifica dentro do enriquecimento sem causa: precisamente aquela em que o art. 473.º, n.º 2, determina que "a obrigação de restituir, por enriquecimento sem causa, tem de modo especial por objecto o que (...) for recebido (...) *em vista de um efeito que não se verificou*". No nosso caso, por se ter adquirido um bem para um certo *destino*, que afinal *não chegou a ter.* É a bem antiga e conhecida *condictio causa data causa non secuta* ou *condictio ob rem*[43].

É pois sem dúvida acertado recorrer a este instituto. Mas ele não pode ser, no nosso sistema, a porta a que de imediato se bata. É que o enriquecimento sem causa tem contra si, *de iure condito*, o art. 474.º, norma que consagra a natureza *subsidiária* deste instituto[44]. Há assim que ponderar se outros institutos, como o da *alteração das circunstâncias* e o do *não cumprimento*, ou outros mecanismos, designadamente de índole contratual, como a *condição* e a *cláusula resolutiva*, não constituirão a sede adequada

---

[43] Cfr., a propósito, Júlio Gomes, *O conceito de enriquecimento, o enriquecimento forçado e os vários paradigmas do enriquecimento sem causa*, UCP, Porto, 1998, pp. 469,ss, e Luis Menezes Leitão, *O enriquecimento sem causa no direito civil*, Centro de Estudos Fiscais, Lisboa, 1996, pp. 518,ss.

[44] Cfr., por todos, Diogo Leite de Campos, *A subsidiariedade da obrigação de restituir o enriquecimento*, Almedina, Coimbra, 1974, esp. pp. 359,ss, Francisco Pereira Coelho, *Um problema de enriquecimento sem causa,* in "Revista de Direito e de Estudos Sociais" (RDES) 17, 1970, p. 351,ss, e Júlio Gomes, *op. cit.,* pp. 415,ss.

para a solução do problema. Mesmo na Alemanha, onde não se atribui ao enriquecimento sem causa natureza subsidiária, a opinião dominante não deixa de reclamar também a *precedência das soluções contratuais*[45].

A nossa jurisprudência tem aliás recorrido ao instituto do enriquecimento sem causa precisamente quando se certifica de que não há *"outro meio legal* que possibilite ao empobrecido ser indemnizado ou restituído"*: assim, designadamente, quando *cessa* a causa justificativa da *expropriação* por utilidade pública e o terreno, ou parte dele, é *vendido para construção particular*, não gozando o expropriado do direito de reversão por a expropriação ter ocorrido no período em que estava em vigor o Código das Expropriações de 1976, que não previa esse direito, como bem recentemente decidiu o Supremo Tribunal de Justiça, por Acórdão de 20 de Março de 2001[46].

Por último, além das *dificuldades* que a aplicação do enriquecimento sem causa suscita e da *natureza subsidiária* que a lei lhe atribui, é de ter ainda em conta que as *medidas* a adoptar, por via deste instituto, poderão não ser as mais *convenientes* ou *adequadas*: pense-se nos casos em que o vendedor *jamais teria vendido* se soubesse que a finalidade prometida não viria a ser respeitada (venda da casa de família, por exemplo, para instalar aí uma associação cultural, que o comprador destina depois a outros fins: a um bar, a um clube nocturno ou semelhante). Pode não se tratar, sequer, de um problema de "enriquecimento".

---

[45] Cfr. WEBER, *Bereicherungsansprüche wegen enttäuschter Erwartung? Die condictio ob rem*, in "Juristen Zeitung" (JZ), 1989, pp. 25-30, esp. 28. Entre nós, no mesmo sentido, MENEZES LEITÃO, *op. cit.,* pp. 545,s, e JÚLIO GOMES, *op. cit.,* p. 496. Voltaremos a este ponto já a seguir, no n.º 8.

[46] In CJ-Acs. STJ, ano IX, tomo I, pp. 176,ss. E também não será de excluir o recurso ao mesmo instituto quando a reversão se torne impossível por terem sido alienados os terrenos expropriados, salvo se o próprio Código das Expropriações fixar desde logo a indemnização devida: cfr., a propósito, o Acórdão do STJ de 5 de Maio de 1967, in BMJ n.º 167, pp. 432,ss.

8. A relação contratual

Dados todos estes passos, afastado que foi o enquadramento do *erro* e analisadas as perspectivas por que pode solucionar-se o problema, seja a *alteração das circunstâncias*, seja o *não cumprimento* ou o *enriquecimento sem causa* – institutos que permitem ao vendedor *reagir* contra a aplicação do bem a fim diferente do declarado ou obter uma qualquer *compensação* –, percorrido todo este caminho, tem-se a sensação de que pode haver aqui um *vício de raciocínio* e pôr-se em causa a *justiça* da solução.

A *objecção metodológica* que de imediato pode suscitar-se é a de que a declaração sobre o destino do bem *deva relevar juridicamente*. Partimos do princípio, é certo, de que há uma *declaração* relativa ao destino do bem; mas está *por demonstrar*, ainda assim, que ela deva valer nesses termos, que ela atribua ao *vendedor* algum *direito* sobre a outra parte, seja de *impor* o cumprimento desse destino ou finalidade, seja de *reagir* contra a aplicação do bem a fim diferente do declarado.

Nesta linha, reforçando esta dúvida, dir-se-á que o vendedor poderia ter-se *auto-protegido*, mormente através de uma *condição* (art. 270.º) ou de uma *cláusula resolutiva* (art. 432.º). Pois se o destino da coisa era para si tão essencial, não deveria ter contratado sem uma condição ou uma cláusula resolutiva que lhe permitissem *reaver* a coisa se esse destino não fosse observado. Ora, não o tendo feito, poder-se-á concluir que os *motivos* por que vendeu não assumem essa *importância* nem devem ter tal *relevo* jurídico.

É ainda de acrescentar, no mesmo sentido, que o próprio declarante, ao mencionar o destino do bem, poderá tê-lo feito *por razões várias*, ou tão-só "en passant", não sabendo, nem podendo razoavelmente saber, até que ponto isso era *decisivo* para a outra parte, até que ponto esta *confiou* ou *devia confiar* que o destino do bem iria ser exactamente esse.

A declaração sobre a finalidade a dar à coisa pode ter visado qualquer benefício fiscal, ultrapassar algum impedimento legal, conseguir determinada autorização administrativa para o negócio, manter uma certa imagem social, prevenir algum juízo ou comentário depreciativo, etc. Não faria sentido, numa situação destas, aceitar que o vendedor pudesse exigir do comprador uma actuação em estrita conformidade com o fim declarado ou, em caso de incumprimento, a resolução do contrato. Para isso seria necessário que o comprador se tivesse *obrigado*, perante o vendedor, a dar à coisa tal destino – não sendo esse o sentido da sua declaração, também não podem ser aquelas as consequências apropriadas, sem prejuízo de lhe serem aplicáveis, sendo caso disso, as sanções respectivas (de índole fiscal, administrativa, etc). Problema este que, como dissemos atrás, não se coloca na expropriação por utilidade pública.

Há assim que apurar, por via *interpretativa* (art. 236.º), o sentido da declaração sobre o destino da coisa. Este é o primeiro e decisivo passo a dar. E a conclusão pode levar-nos a uma de duas posições extremas: ou *não assumir qualquer relevo* jurídico--negocial, por não passar o plano dos *simples motivos*, ou, pelo contrário, tratar-se de uma declaração *juridicamente vinculante*.

No exercício da sua autonomia privada, têm as partes a *liberdade* de definir o objecto e o conteúdo do contrato[47]. Podem assim *acordar* que o comprador terá não só de satisfazer o pagamento do preço – obrigação *principal* e *típica* do contrato de compra e venda – mas também de dar à coisa a adquirir certo destino ou finalidade – obrigação *adicional* ou *secundária*.

É claro que quem se obriga a cumprir uma prestação fá-lo sempre com o escopo de conseguir determinados fins[48]. Mas

---

[47] Pode ver-se o nosso *Cláusulas limitativas e de exclusão de responsabilidade civil*, Almedina, Coimbra, 1985, pp. 116,ss.

[48] A este propósito, cfr., por ex., ULRICH HUBER, *Verpflichtungszweck, Vertragsinhalt und Geschäftsgrundlage*, in "Juristische Schulung" (JuS), 1972, pp. 57,ss, e HELMUT KÖHLER, *Unmöglichkeit und Geschäftsgrundlage bei Zweckstörungen im Schuldverhältnis*, Beck, München, 1971, pp. 137,ss; entre

para que estes relevem juridicamente e não sejam um simples motivo devem ser *incluídos no contrato*, devem fazer parte do seu *conteúdo,* mediante *acordo* das partes.

Não basta, para este efeito, que uma das partes *conheça* o motivo por que a outra contrata; não é pelo facto de o vendedor saber que o pai compra o enxoval à filha na perspectiva do casamento que aquele perde o direito ao preço no caso de o noivado se desfazer. Para que o fim visado por uma das partes faça parte do conteúdo do contrato torna-se necessário o correspondente *acordo* entre si, por força do qual a obrigação fique dependente daquele fim[49].

---

nós, recorde-se o estudo de Baptista Machado, *Pressupostos da resolução por incumprimento*, in "Estudos em Homenagem ao Prof. Doutor J. J. Teixeira Ribeiro", II, Coimbra, 1979 (pp. 343,ss), pp. 363,ss, e, recentemente, Maria de Lurdes Pereira, *Conceito de prestação e destino da contraprestação*, Almedina, Coimbra, 2001, *passim*.

[49] Huber, *op. cit.*, p. 57. Note-se que a mesma regra vale para os casos em que é o comprador que não consegue alcançar o fim que esperava obter da prestação (a construção da vivenda, por ex.), o que será em princípio de facto irrelevante, pois tratar-se-á de um risco próprio, salvo se for de concluir que o vendedor assumiu esse risco. Ver, a propósito, Paolo Gallo, *Sopravenienza contrattuale e problemi di gestione del contratto*, Milano, 1992, pp. 290-297. Esta é aliás a situação habitualmente versada na doutrina, como temos dito, seja no âmbito do erro, designadamente do erro sobre os motivos, seja no âmbito do instituto da alteração das circunstâncias, vias a que pode efectivamente recorrer-se para solucionar o problema nos casos em que, apesar de não existir aquele acordo das partes, deva relevar juridicamente a frustração do fim pretendido pelo credor. Recorde-se, a propósito, Mario Bessone, *Adempimento e rischio contrattuale*, Milano, 1969, pp. 207, ss e *passim*, Vicente Espert Sanz, *La frustracion del fin del contrato*, Madrid, 1968, pp. 129,ss e *passim,* Hanno Goltz, *Motivirrtum und Geschäftsgrundlage im Schuldvertrag*, Carl Heymanns Verlag, Köln, Berlin, Bonn, München, 1973, *passim* (confrontando os direitos francês, suíço, italiano e alemão) e Jörg Mayer, *Der Rechtsirrtum und seine Folgen im bürgerlichen Recht*, Bielefeld, 1989, *passim*. No plano do enriquecimento sem causa e dando conta da situação no direito inglês, recentemente, Sonja Meier, *Irrtum und Zweckverfehlung*, Mohr, Tübingen, 1999, *passim*, mas esp. pp. 371,ss.

Pode inclusivamente esse acordo *estender-se* às consequências que ocorrerão no caso de o fim não ser alcançado, designadamente por via de uma *cláusula* ou de uma *condição* resolutiva. Ou pode o acordo ser *omisso* a este respeito, havendo então que recorrer às regras gerais do *não cumprimento*. Recorde-se que estamos a partir do princípio de que, através desse acordo, se estabeleceu a *obrigação, juridicamente vinculante*, de a coisa ser utilizada para certo fim.

Se, pelo contrário, o fim por que alguma das partes contrata *não for incluído no contrato*, ele é em princípio irrelevante, salvo se for de entender que faz parte da *base do negócio*. É neste caso que fica aberta a via para o recurso às regras sobre a *alteração das circunstâncias*[50].

Pode deparar-se, no entanto, com situações de algum modo intermédias, com situações em que o fim faz parte do *conteúdo* do contrato – o que *afasta* o art. 437.º, como vimos –, mas *sem se poder afirmar* que exista, por parte do comprador, a *obrigação* de dar à coisa certo destino.

Este seria um dos casos em que poderia pensar-se em invocar a *condictio causa data causa non secuta*, ou *condictio ob rem*, no âmbito do *enriquecimento sem causa*. Quando, por acordo das partes, o fim é incluído no contrato, em termos de a prestação ser efectuada com o objectivo de obter a contraprestação (fim *principal*) e, ao mesmo tempo, alcançar um outro fim (*adicional ou secundário*), mas este não é susceptível de ser prosseguido pela *acção de cumprimento* (por não ser objecto de uma obrigação em sentido técnico) nem é possível recorrer à doutrina da

---

[50] E parece que só neste caso, como impressivamente recorda HUBER: "*Was Inhalt des Vertrags ist, kann nicht Geschäftsgrundlage sein*" (*op. cit.*, pp. 57-58 e 64-65); v. também, por ex., VOLKER EMMERICH, *Das Recht der Leistungsstörungen*, 4ª ed., cit., pp. 344 e 345, VOLKER BEUTHIEN, *Zweckerreichung und Zweckstörung im Schuldverhältnis*, Mohr, Tübingen, 1969, p. 61, e KÖHLER, *op. cit.*, pp. 132,ss.

base do negócio (por o fim fazer parte do *conteúdo* contratual), restaria o apelo ao instituto do *enriquecimento sem causa*.

Este passo afigura-se, contudo, bastante difícil e controverso. Se o fim é incluído no contrato, dir-se-á que serão os instrumentos e as regras contratuais a aplicar-se; se não é incluído, será porque faz parte dos simples *motivos*, juridicamente irrelevantes, salvo se houver lugar para a doutrina da *base do negócio* – de todo o modo, não haveria espaço para o instituto do enriquecimento sem causa[51].

Quando muito, poder-se-ia recorrer a este instituto em situações em que não há propriamente um acordo quanto à inclusão do fim no conteúdo do contrato, mas, apesar disso, não ser de concluir que não se ultrapassou o plano dos simples motivos, pois a falta de tal acordo deve-se apenas ao facto de ele ter parecido *desnecessário,* tão *óbvio* se apresenta o *fim* por que se contrata no *contexto* do negócio: pense-se no caso da venda da capela, por alguém profundamente religioso mas sem dinheiro para a conservar, que o padre transforma em garagem; ou no de o pai vender um estabelecimento comercial ao futuro genro, por preço claramente inferior ao preço de mercado, na perspectiva do casamento próximo daquele com a sua filha, o qual não chega, contudo, a realizar-se[52]. Em qualquer destes casos, apesar de não ter sido incluído no contrato, não parece que o fim deva ser irrelevante; seriam casos susceptíveis de ser solucionados através da *condictio causa data*[53].

---

[51] Corresponde à tese de CHAUDET, *Condictio causa data causa non secuta*, Lausanne, 1973, *passim*, esp. pp. 213,ss. Mais contemporizadora é a posição de ALFRED SÖLLNER, admitindo o recurso à *condictio causa data* para as prestações que não foram incluídas no acordo porque não são "contratualizáveis": *Der Bereicherungsanspruch wegen Nichteintritts des mit einer Leistung bezweckten Erfolges*, in "Archiv für die civilistiche Praxis" (AcP) 163 (1963), pp. 20,ss.

[52] Pode pensar-se aqui numa hipótese de doação mista ou numa compra e venda *cum donatione*.

[53] Ver, a propósito, KARL LUDWIG BATSCH, *Zum Bereicherungsanspruche*

Sem afastar esta possibilidade, parece-nos, contudo, que só será de recorrer a ela se a solução não puder encontrar-se noutra sede. É o que vamos ver de imediato.

O problema fundamental, perante uma declaração relativa ao destino da coisa, é o de saber se esta declaração faz parte do *conteúdo do contrato* e que *valor* tem. Ter-se-á de apurar, para o efeito, se há *acordo* entre as partes, melhor, se o acordo entre elas *compreende* aquela declaração. À partida, trata-se do problema de determinar o *âmbito da vinculação negocial.*

Ter-se-á de recorrer, em primeira instância, às regras de *interpretação* da declaração negocial (arts. 236.°,ss). E o problema pode desde logo ficar resolvido nesta sede. Ou, dando um passo mais, *"completá-lo"* por via da *integração negocial.*

É de ter em conta, para este efeito, que as partes estão vinculadas não só às obrigações que *expressamente* tenham assumido, mas também às que decorram (*implicitamente*, diz-se) da boa fé, da natureza ou finalidade do contrato, do contexto negocial ou de outros factores equivalentes[54].

Este princípio é hoje abertamente consagrado nos textos tendentes a uma harmonização do direito dos contratos no espaço europeu e internacional, seja nos *Princípios do Direito Contratual Europeu*, da Comissão Lando, seja no projecto de *Código Europeu dos Contratos*, da Academia de Jusprivatistas Europeus, coordenada pelo Professor Gandolfi, seja, enfim, nos *Princípios do UNIDROIT relativos aos Contratos Comerciais Internacionais*[55].

---

bei Zweckverfehlung, in "Neue Juristische Wochenschrift" (NJW), 1973, pp. 1639,s, e DETLEF LIEBS, *Bereicherungsanspruch wegen Mißerfolgs und Wegfall der Geschäftsgrundlage*, in JZ, 1978, pp. 697,ss.

[54] A liberdade contratual permite às partes *prevenir-se* contra a inclusão de obrigações que não desejam, através de cláusula adequada. Mas há limites. A este respeito, pode ver-se o nosso trabalho sobre *Cláusulas limitativas do conteúdo contratual*, em publicação nos "Estudos em Homenagem ao Prof. Doutor Mário Júlio de Almeida Costa".

[55] Cfr., respectivamente, por exemplo, art. 1.108 dos *Principles of*

Mas de há muito se perfilha este entendimento. Todavia, talvez por excessiva dependência ou tributo ao dogma da vontade, a afirmação de tais obrigações filia(va)-se ainda na vontade: se não numa vontade expressa, ao menos numa dita vontade "tácita", quantas vezes mera ficção. Assim se procura(va) legitimar um processo de decisão que, no fundo, se justifica, frequentemente, por razões objectivas, "maxime" pelo princípio da boa fé[56].

European Contract Law, Part I, ed. OLE LANDO e HUGH BEALE, Martinus Nijhoff Publishers, Dordrecht, Boston, London, 1995: "Under these Principles *reasonableness* is to be judged by what persons acting in *good faith* and in the same situation as the parties would consider to be reasonable. In particular, in assessing what is reasonable the *nature* and *purpose* of the contract, the circumstances of the case, and the usages and practices of the trades or professions involved should be taken into account"; de modo mais claro e expressamente, o art. 32 ("*Clauses implicites*") do referido Anteprojecto do *Code Européen des Contrats,* coord. GANDOLFI, Giuffrè, Milano, 1999: "1. *Outre les clauses expresses*, forment le contenu du contrat les clauses qui (…) b) découlent du devoir de *bonne foi* (…); d) doivent être *réputées nécéssaires* afin que le contrat puisse produire les effets voulus par les parties. 2. (…) prennent effet entre les parties contractantes, dans la mesure où d'une certaine façon elles correspondent au texte contractuel, *les déclarations* que chacune des parties a faites à l'autre pendant les tractations ou au moment de la conclusion du contrat *à propos d'une situation ou d'une expectative de fait ou de droit*, relative aux sujets, *au contenu* ou *aux fins du contrat*, si ces déclarations *peuvent avoir déterminé l'accord* entre les parties"; por último, os *Princípios* UNIDROIT, Roma, 1995, na versão publicada entre nós pelo Ministério da Justiça, art. 5.2 ("*Obrigações implícitas*"): "As obrigações implícitas decorrem: a) da natureza e finalidade do contrato; (…) c) da boa fé; d) da razoabilidade".

[56] Por todos, cfr. a profunda análise de PAULO MOTA PINTO, *Declaração tácita e comportamento concludente no negócio jurídico*, cit., pp. 71,ss e *passim*. Destacando o papel "activo" do juiz e o princípio da boa fé, pode ainda ver-se, por ex., J. MESTRE/A. LAUDE, *L'interprétation "active" du contrat par le juge*, in "*Le juge et l'exécution du contrat*", Presses Universitaires d'Aix-Marseille, 1993, pp. 9, ss, e G. FLÉCHEUX, *Renaissance de la notion de bonne foi et de loyauté dans le droit des contrats*, in "Études offertes à Jacques Ghestin – Le contrat au début du XXIe siècle", L.G.D.J., Paris, 2001, pp. 341,ss.

A esta atitude do direito continental corresponde, no "common law", a técnica dos *implied terms:* por interpretação, os juízes "extraem" do contrato cláusulas que estão lá "implícitas", umas vezes explicitando ou desenvolvendo uma intenção que as partes tiveram efectivamente, outras vezes indo mesmo além disso, acrescentado cláusulas em conformidade com a intenção que as partes teriam tido, se houvessem pensado nisso, ou, em qualquer caso, deveriam ter tido, à luz da justiça e lealdade. Assim se ultrapassa o domínio do consentimento negocial, graças a estas "cláusulas implícitas", quer com base no direito objectivo ou nos usos, quer a partir do caso concreto, sob controlo judicial[57].

Num caso e no outro, tanto nos direitos continentais como na experiência do "common law", trata-se de um processo metodológico não isento de reparos, quer por *encobrir* a verdadeira razão de ser da decisão, quer pelos *perigos* que comporta.

Ora, se é certo que o problema da determinação do âmbito da vinculação negocial deve começar por colocar-se em sede *interpretativa,* não pode deixar de considerar-se, num segundo momento (ou até como duas fases de um mesmo processo), o plano da *integração* do contrato, seja pela via da "interpretação integradora" ou "complementadora" (a *ergänzende Vertragsauslegung*)[58], seja, abertamente, pela via da integração negocial.

---

[57] Cfr., por ex., G. H. TREITEL, *The law of contract*, 9ª ed., Sweet e Maxwell, London, 1995, pp. 185-195; Idem, *Frustration and force majeure*, Sweet e Maxwell, London, 1994, pp. 14-15, 576, 578-579, 581-582 e 583-584. Numa perspectiva comparatística, v. M. SCHMIDT-KESSEL, *Implied Terms-auf der Suche nach dem Funktionsäquivalent*, in "Zeitschrift für Vergleichende Rechtswissenschaft" 96 (1997), pp. 101,ss; entre nós, PAULO MOTA PINTO, *op. cit.,* pp. 132,ss.

[58] LARENZ, *Ergänzende Vertragsauslegung und dispositives Recht*, in NJW 1963, pp. 737, ss, Idem, *Allgemeiner Teil des Deutschen Bürgerlichen Rechts*, 7ª ed., Beck, München, 1989, pp. 536,ss, LARENZ/WOLF, *Allgemeiner Teil des Bürgerlichen Rechts*, 8ª ed., Beck, München, 1997, p. 562,ss, e KÖHLER, *Unmöglichkeit und Geschäftsgrundlage bei Zweckstörungen im Schuldver-*

A este respeito, o critério consagrado no art. 239.º fornece o enquadramento legal adequado à inclusão no contrato de *outras obrigações ou deveres*, para lá dos que constam expressamente do acordo das partes. Importa atender, para o efeito, a uma eventual disposição supletiva, à vontade hipotética ou conjectural das partes e, sobretudo, aos ditames da *boa fé*, que prevalecem sobre aquela[59].

Eis, pois, a sede adequada à fundamentação de tais deveres. *Do contrato fazem parte não só as obrigações que expressa ou tacitamente decorrem do acordo das partes, mas também, designadamente, todos os deveres que se fundam no princípio da boa fé e se mostram necessários a integrar a lacuna contratual.* Esta, a "lacuna", determinar-se-á em face do *programa contratual*, consistindo numa *omissão* ou "incompletude contra o plano", tendo em conta o *contexto do negócio* e o *fim contratual*[60].

Em face do que acaba de ser dito, e ponderando todos estes factores à luz do *caso concreto*, poderá ser de concluir, muitas vezes, que a declaração relativa ao destino do bem não deve ser remetida para o plano dos simples motivos individuais, juridicamente irrelevantes, antes faz parte do *conteúdo do contrato*. Mas torna-se necessário, para o efeito, que esse *fim adicional* do credor, se não é objecto, seja ao menos *ponto de referência* ("Bezugspunkt") do regulamento contratual[61].

---

hältnis, cit, pp. 134,ss; entre nós, esp. MENEZES CORDEIRO, *Da boa fé*, II, cit., pp. 1063,ss.

[59] Por todos, C. MOTA PINTO, *Teoria Geral*, cit. pp. 459 e ss.

[60] LARENZ, *Ergänzende Vertragsauslegung*, cit., p. 738. Ou, nas palavras de KÖHLER (*op. cit.*, p. 134), pertence também ao conteúdo do contrato aquilo que as partes não regularam expressamente, mas que resulta, como regulamentação complementadora, do chamado «*Sinn- und Zweckzusammenhang des konkreten Vertrages*». A este propósito, cfr. ainda BAPTISTA MACHADO, *A cláusula do razoável,* na RLJ n.ºs 3744,ss, 1986, e agora publicada em "Obra Dispersa", vol. I, Scientia Iuridica, Braga, 1991 (pp. 457,ss), pp. 482-485.

[61] KÖHLER, *op. cit.*, pp. 137,ss, esp. 138 e 140.

Encontram-se nesta situação, a nosso ver, muitas das declarações constantes dos exemplos que figurámos atrás, designadamente nos casos da venda da capela e da casa de família. Assim sendo, cremos que é possível obter a solução através das *regras contratuais*, o que impedirá, desde logo, o recurso à "condictio causa data".

É sabido que, ao celebrarem um contrato, estabelecem as partes entre si uma relação que vai muito para lá do singular direito subjectivo e do correspondente dever jurídico ou sujeição, antes constituindo essa relação um amplo quadro ou sistema de vínculos da mais variada ordem, emergentes do mesmo contrato e ao serviço do fim contratual, onde sobressaem os chamados deveres laterais: trata-se da hoje bem conhecida *relação obrigacional complexa* ou *relação contratual*[62].

Ora, parece-nos perfeitamente adequado incluir nesta relação o fim adicional do credor sobre o destino da coisa, designadamente através dos *deveres laterais*[63]. Repare-se, com efeito, nas hipóteses que figurámos, que é o *credor* que não dá ao bem adquirido o destino que declarara. Mesmo que este não seja incluído no dever principal de prestação, parece que sobre o credor recairá, em certos casos, o "dever" de respeitar aquele destino, à luz da *boa fé* e do *fim contratual*. Dever, este, que, pese embora *não dê lugar à acção judicial de cumprimento*, pode, uma vez violado, obrigar à *indemnização* dos danos sofridos ou dar mesmo origem à *resolução do contrato*.

Estes *deveres laterais* ou *deveres acessórios de conduta*, como se sabe, são distintos dos *deveres primários* ou *deveres principais de prestação*: "não interessando directamente à prestação principal, nem dando origem a qualquer *acção autónoma* de cum-

---

[62] Por todos, cfr. C. Mota Pinto, *Teoria Geral,* cit., pp. 178,ss, e, na Alemanha, Larenz, *Lehrbuch des Schuldrechts*, Band I, *Allgemeiner Teil*, 14ª ed., cit., pp. 26,ss.

[63] Assim também Köhler, *op. cit.,* pp. 139 e 140.

primento (cfr. arts. 817.º e segs.), *são todavia essenciais ao correcto processamento da relação obrigacional em que a prestação se integra*"[64]. Recordemos, com MOTA PINTO[65], que se trata de "deveres de adopção de determinados comportamentos, *impostos pela boa fé em vista do fim do contrato* (arts. 239.º e 762.º), dada a *relação de confiança* que o contrato fundamenta, comportamentos *variáveis* com as circunstâncias *concretas* da situação".

Pois bem. Em algumas das situações que vimos analisando o comprador *declara* dar à coisa um certo destino, provando-se que *só por isso é que os vendedores fazem o negócio*. Mais tarde, porém, o comprador utiliza a coisa para *fim diverso*. Dir-se-á que, agindo deste modo, o comprador *frustra a confiança* da outra parte através de um comportamento *contrário à boa fé* e ao *fim contratual*.

O dever de dar à coisa adquirida o destino afirmado nas negociações e declarado no contrato, não sendo um dever principal de prestação cujo cumprimento seja judicialmente exigível – e pode sê-lo, como vimos atrás –, será pelo menos um *dever acessório de conduta* ou *dever lateral*, imposto pela *boa fé* em atenção ao *fim do contrato. Só acatando esse dever* é que o comprador *respeitará o fim contratual*. Agindo de modo diverso,

---

[64] ANTUNES VARELA, *Das Obrigações em geral*, vol. I, 10.º ed., Almedina, Coimbra, 2000, p. 123 (mas ver pp. 121,ss, n.ºs 27 e 28; o itálico é nosso). Ver também, por ex. (além de MOTA PINTO – cfr. a nota seguinte), ALMEIDA COSTA, *Direito das Obrigações*, cit., pp. 63,ss (n.º 5.2), MENEZES CORDEIRO, *Da boa fé*, I vol., cit., pp. 586,ss, M. CARNEIRO DA FRADA, *Contrato e deveres de protecção*, Coimbra, 1994, pp. 36,ss, e *passim*, e A. CABANILLAS SÁNCHEZ, *Los deberes de protección del deudor en el derecho civil, en el mercantil y en el laboral*, Civitas, Madrid, 2000, pp. 147,ss, 156 e *passim*.

[65] Entre nós, é essencialmente a MOTA PINTO que se deve o mérito de ter desenvolvido, sistematizado e estabelecido o regime jurídico desses deveres, os quais foram "descobertos" pela ciência jurídica alemã: cfr., daquele Autor, a sua *Cessão da posição contratual*, Atlântida Editora, Coimbra, 1970, pp. 337,ss, 339, e 402,ss (o itálico é nosso).

poderá haver lugar à *resolução do contrato* por não cumprimento, apesar de o dever violado ser um simples dever lateral[66].

É claro que, retomando uma ideia já atrás exposta, o comprador é livre, em princípio, de dar à coisa o destino que entender. E nem todas as *declarações* que porventura faça sobre o destino da coisa poderão ser vistas como fonte de *deveres laterais*, cujo incumprimento justifique a indemnização dos danos ou a resolução do contrato. Isso só sucederá quando, na circunstância concreta, esse comportamento for imposto pela *boa fé*, tendo em conta o *fim contratual*. Poderão servir de exemplo os casos da venda da capela, da casa de família e outros semelhantes. Mas outros casos há em que a solução terá de ser encontrada por outra via, pela via do instituto da alteração das circunstâncias ou, em última instância, recorrendo ao enriquecimento sem causa, como mostraremos a concluir.

9. Meios de reacção

Antes, porém, no tocante aos meios de reacção, esclareça-se que eles variam consoante o fundamento adoptado. O problema solucionar-se-á, em regra, através da *resolução do contrato* (arts. 801.º, n.º 2, ou 802.º, n.º 1). Isto quer se esteja perante *deveres laterais*, como acabamos de referir, quer seja violado o *dever principal de prestação*.

É ainda à via *resolutiva* que se recorre para reagir contra uma alteração das circunstâncias que preencha os requisitos de que depende a sua relevância jurídica (art. 437.º); admite-se, em alternativa, a *modificação* do negócio.

Ainda a propósito dos meios de reacção, não será de excluir a *anulação* do contrato, designadamente em caso de *erro* ou de *dolo*: só que, como mostrámos, já não se tratará, então, verdadei-

---

[66] Expressamente neste sentido, por ex., ANTUNES VARELA, *op. cit.,* p. 127, e MOTA PINTO, *op. cit.,* pp. 341-341 e 403-404.

ramente, de uma *mudança* operada no destino da coisa, antes de uma vontade formada deficientemente, por ter intervindo um qualquer *vício* no processo da sua formação.

A *indemnização* é uma possibilidade que ficará sempre em aberto, tanto no contexto da anulação por dolo (art. 227.°) como no da resolução (arts. 801.° e 802.°).

Por último, quando a solução se fundamente no enriquecimento sem causa, a consequência será a *obrigação de restituir* aquilo com que o comprador injustamente se locupletou (arts. 473.° e 479.°).

10. Conclusão

Procurando reunir agora o essencial do nosso pensamento sobre o problema, diremos o seguinte.

Se o comprador, *após* a celebração do negócio, der ao prédio um destino diferente do que declarara e correspondia à sua intenção, o problema *não é de erro do vendedor,* ao contrário do que se tem decidido nos nossos tribunais.

Erro haverá, sim, se o vendedor se enganar quanto ao sentido da declaração do comprador, que nunca pensou, por hipótese, dar-lhe o destino que o vendedor julgara. Mas haverá, então, um vício na formação da vontade e não uma mudança do destino do bem. Assim como poderá é haver *dolo* do comprador se este procedeu com a *intenção* de enganar a outra parte quando emitiu aquela declaração.

A situação poderá ser de enquadrar no âmbito do *não cumprimento* do contrato se o destino declarado constituir uma *obrigação* do comprador, o que, no entanto, além de provavelmente ser raro, retirará ao problema a sua especificidade, pois deixará de ser um problema respeitante ao *fim do contrato* para passar a ser, pura e simplesmente, uma questão relativa ao *incumprimento.* Em todo o caso, haverá que apurar, por *interpretação,* o sentido da declaração negocial sobre o destino do prédio, podendo haver lugar à *resolução do contrato* (arts. 801.º, n.º 2, e 802.º, n.º 1).

Naturalmente que a via mais adequada para proteger o interesse do vendedor será a inclusão de uma *condição* ou de uma *cláusula resolutiva* que lhe permitam reaver o prédio caso o comprador não lhe dê o destino acordado.

Na falta dessa estipulação, será de ponderar se o problema envolve uma *alteração da base do negócio*, com o consequente direito à *resolução* ou à *modificação* do contrato nos termos do *art. 437.º*. Era o enquadramento correcto, a nosso ver, no caso do parque de campismo. Se não for assim, poder-se-á tratar, então, de *puros motivos* do vendedor, de per si *irrelevantes,* na falta de *acordo* das partes, de modo *paralelo* ao que sucede com o erro sobre os motivos (art. 252.º, n.º 1).

Ter-se-á de considerar , todavia, que as partes estão vinculadas não apenas às obrigações que expressa ou tacitamente hajam assumido, mas também a todas aquelas que sejam de incluir na *relação obrigacional* emergente do concreto contrato celebrado, à luz da *boa fé* e do *fim contratual*. Revestem-se de particular importância os *deveres laterais* ou *deveres acessórios de conduta*, que recaem sobre qualquer das partes, através dos quais se pode dar guarida aos fins *adicionais* do vendedor, como o de a contraparte dar ao bem determinado destino, em conformidade com a declaração que emitiu.

Nesta linha, dir-se-á que era a situação em que se encontravam os compradores nos casos da venda da capela, da casa de família e outros semelhantes. Sabiam que o negócio só era feito porque os vendedores confiavam que ao prédio fosse dado certo destino, o qual foi afirmado no processo de negociações e ficou a constar do contrato de compra e venda. Este, que por sua natureza é um contrato *neutro* relativamente ao *fim* a que é destinada a coisa, pode deixar de o ser, em concreto, mercê de qualquer *acordo* ou *entendimento* das partes ou, até, por força da *boa fé*, tendo designadamente em conta o *processo negocial*.

Já nos casos do arruamento e do largo público, contudo, temos alguma hesitação. É que as considerações que acabamos de fazer ajustam-se, igualmente, a estas situações; porém, não nos parece que a construção da rua ou do largo público possam ou devam ser tidas como um *fim*, ainda que acessório ou adicional, que o vendedor *vise prosseguir*, traduzido num correspondente "dever" da contraparte, até por não vislumbrarmos, à partida, um interesse daquele.

Mais do que um fim do vendedor, tratar-se-á, parece-nos, de um *pressuposto* de que este partiu, fundado ou apoiado na declaração do comprador, que pareceu *tão evidente* que não houve a necessidade de o incluir no acordo contratual, mostrando-se gravemente atentatório dos princípios da *boa fé* manter o contrato *inalterado* se a finalidade pressuposta se *alterar*. Ao vendedor seria porventura indiferente o destino da coisa; mas não a teria vendido ou tê-la-ia vendido por outro preço se não tivesse *partido do pressuposto*, baseado na conduta da outra parte, de que iria ser utilizada para certo fim. Propendemos, por isso, a recorrer ao instituto da *alteração das circunstâncias*.

Também no caso da venda do estabelecimento ao futuro genro nos parece inadequado o enquadramento do problema em sede de deveres laterais; não porque não pudesse a venda por preço inferior ter como "fim" o casamento da filha – mas porque essa finalidade dificilmente poderia considerar-se um "dever" lateral, imposto pela boa fé... a cargo do noivo! Cremos que também aqui a *base do negócio* poderá fornecer a solução, ou, subsidiariamente, como vimos atrás, restará a via do *enriquecimento sem causa*.

Numa palavra final, não parece que em todos estes casos, e em outros equiparáveis, se esteja perante situações juridicamente irrelevantes, mesmo na ausência de qualquer condição ou cláusula resolutiva. Mas tudo dependerá, sem dúvida, do que vier a apurar-se em sede de *interpretação-integração* do negócio (arts. 236.°e 239.°).

BIBLIOGRAFIA

ALARCÃO, Rui de – *A confirmação dos negócios anuláveis*, I, Coimbra, 1971.
– *Breve motivação do Anteprojecto sobre o negócio jurídico na parte relativa ao erro, dolo, coacção, representação, condição e objecto negocial,* in BMJ n.º 138

ANDRADE, Manuel de – *Teoria Geral da Relação Jurídica*, vol. II, Coimbra, 1972 (reimp.)

ASCENSÃO, J. Oliveira – *Teoria Geral do Direito Civil*, vol. III, ed. policop., Lisboa, 1985.

BATSCH, Karl Ludwig – *Zum Bereicherungsanspruche bei Zweckverfehlung*, in "Neue Juristische Wochenschrift" (NJW), 1973

BESSONE, Mario – *Adempimento e rischio contrattuale*, Milano, 1969

BEUTHIEN, Volker – *Zweckerreichung und Zweckstörung im Schuldverhältnis*, Mohr, Tübingen, 1969.

CAMPOS, Diogo Leite de – *A subsidiariedade da obrigação de restituir o enriquecimento*, Almedina, Coimbra, 1974.

CANARIS, Claus-Wilhelm – *Das Rangverhältnis der «klassischen» Auslegungskriterien, demonstriert an Standardproblemen aus dem Zivilrecht*, in "Festschrift für Dieter Medicus zum 70. Geburtstag", org. por V. Beuthien, M. Fuchs, H. Roth, G. Schiemann e A. Wacke, Carl Heymanns Verlag, Köln, Berlin, Bonn, München, 1999.

CANOTILHO J. J. Gomes/VITAL MOREIRA – *Constituição da República Portuguesa Anotada*, 3ª ed., Coimbra Editora, 1993.

CHAUDET – *Condictio causa data causa non secuta*, Lausanne, 1973.

Code Européen des Contrats, coord. Gandolfi, Giuffrè, Milano, 1999

COELHO, Francisco Pereira – *Um problema de enriquecimento sem causa,* in "Revista de Direito e de Estudos Sociais" (RDES) 17, 1970.

CORDEIRO, António Menezes – *Da boa fé no direito civil*, vols. I e II, Almedina, Coimbra, 1984
– *Da alteração das circunstâncias*, separata dos "Estudos em Memória do Prof. Doutor Paulo Cunha", Lisboa, 1987.

CORREIA, A. Ferrer/V. G. LOBO XAVIER – *Contrato de empreitada e cláusula de revisão: interpretação e erro; alteração das circunstâncias e aplicação do art. 437.° do Código Civil,* separata da "Revista de Direito e Economia" (RDE), Coimbra.

CORREIA, Fernando Alves – *A jurisprudência do Tribunal Constitucional sobre expropriações por utilidade pública e o Código das Expropriações de 1999,* in RLJ ano 132.°.

COSTA, M. J. Almeida, – *Direito das Obrigações*, 9ª ed., Almedina, Coimbra, 2001.

EMMERICH, Volker – *Das Recht der Leistungsstörungen*, 4ª ed., Beck, München, 1997.

FERNANDES, Luís A. Carvalho – *Teoria Geral do Direito Civil*, vol. II, 3ª ed., Lisboa, 2001.
– *A teoria da imprevisão no direito civil português*, no BMJ n.° 128, entretanto reimpressa com nota de actualização, Quid Juris Editora, Lisboa, 2001.

FIKENTSCHER, Wolfgang – *Die Geschäftsgrundlage als Frage des Vertragsrisikos*, Beck, München, 1971.

FERREIRA, Durval – *Erro negocial e alterações das circunstâncias*, 2ª ed., Almedina, Coimbra, 1998.

FLÉCHEUX, G. – *Renaissance de la notion de bonne foi et de loyauté dans le droit des contrats*, in "Études offertes à Jacques Ghestin – Le contrat au début du XXIe siècle", L.G.D.J., Paris, 2001.

FRADA, M. Carneiro da – *Contrato e deveres de protecção*, Coimbra, 1994.

GALLO, Paolo – *Sopravenienza contrattuale e problemi di gestione del contratto*, Milano, 1992.

GANDOLFI (coord.).– *Code Européen des Contrats,* Giuffrè, Milano, 1999.

GERNHUBER/GRUNEWALD – *Bürgerliches Recht*, 4ª ed., Beck, München, 1998.

GOLTZ, Hanno – *Motivirrtum und Geschäftsgrundlage im Schuldvertrag*, Carl Heymanns Verlag, Köln, Berlin, Bonn, München, 1973.

GOMES, Júlio – *O conceito de enriquecimento, o enriquecimento forçado e os vários paradigmas do enriquecimento sem causa*, UCP, Porto, 1998.

GRUNEWALD/GERNHUBER – *Bürgerliches Recht*, 4ª ed., Beck, München, 1998.

HÖRSTER, Heinrich Ewald – *A Parte Geral do Código Civil Português. Teoria Geral do Direito Civil*, Coimbra, 1992.

HUBER, Ulrich – *Verpflichtungszweck, Vertragsinhalt und Geschäftsgrundlage*, in "Juristische Schulung" (JuS), 1972.

KÖHLER Helmut – *Unmöglichkeit und Geschäftsgrundlage bei Zweckstörungen im Schuldverhältnis*, Beck, München, 1971.

LANDO, Ole/BEALE, Hugh – *Principles of European Contract Law*, Part I, ed. Martinus Nijhoff Publishers, Dordrecht, Boston, London, 1995.

LARENZ, *Geschäftsgrundlage und Vertragserfüllung*, 3ª ed., Beck, München e Berlin, 1963.
— *Lehrbuch des Schuldrechts*, vol. I, *Allgemeiner Teil*, 14ª ed., München, 1987.
— *Ergänzende Vertragsauslegung und dispositives Recht*, in NJW 1963.
— *Allgemeiner Teil des Deutschen Bürgerlichen Rechts*, 7ª ed., Beck, München, 1989.

LARENZ/WOLF, *Allgemeiner Teil des Bürgerlichen Rechts*, 8ª ed., Beck, München, 1997.

LAUDE, A – *Vide* Mestre.

LEITÃO, Luis Menezes – *O enriquecimento sem causa no direito civil*, Centro de Estudos Fiscais, Lisboa, 1996.

LIEBS, Detlef – *Bereicherungsanspruch wegen Mißerfolgs und Wegfall der Geschäftsgrundlage*, in JZ, 1978.

MACHADO, Baptista – *Pressupostos da resolução por incumprimento*, in "Estudos em Homenagem ao Prof. Doutor J. J. Teixeira Ribeiro", II, Coimbra, 1979.
— *A cláusula do razoável*, na RLJ n.°s 3744,ss, 1986, e agora publicada em "Obra Dispersa", vol. I, Scientia Iuridica, Braga, 1991.

MAYER, Jörg – *Der Rechtsirrtum und seine Folgen im bürgerlichen Recht*, Bielefeld, 1989.

MEDICUS, Dieter – *Bürgerliches Recht*, 18ª ed., Carl Heymanns Verlag, Köln, Berlin, Bonn, München, 1999.

MEIER, Sonja – *Irrtum und Zweckverfehlung*, Mohr, Tübingen, 1999.

MESTRE, J./A. LAUDE – *L'interprétation "active" du contrat par le juge*, in *"Le juge et l'exécution du contrat"*, Presses Universitaires d'Aix-Marseille, 1993.

MONTEIRO, A. Pinto – *Cláusulas limitativas e de exclusão de responsabilidade civil*, Almedina, Coimbra, 1985.
– *Anotação* aos Acórdãos do STJ de 2 de Fevereiro de 1971 e de 2 de Novembro de 1977, e da Relação do Porto de 8 de Maio de 1986, RLJ ano 131.
– *Cláusulas limitativas do conteúdo contratual*, em publicação nos "Estudos em Homenagem ao Prof. Doutor Mário Júlio de Almeida Costa", UCP (2002?).

MONTEIRO, A. Pinto/Júlio GOMES – *A "hardship clause" e o problema da alteração das circunstâncias (breve apontamento)*, in "Juris et de jure – Nos 20 anos da Faculdade de Direito da UCP – Porto", Porto, 1998.

MOREIRA, Vital/J. J. GOMES CANOTILHO – *Constituição da República Portuguesa Anotada*, 3ª ed., Coimbra Editora, 1993.

NEVES, A. Castanheira – *Lições de Introdução ao Estudo do Direito*, policop., Coimbra, 1968-69.

OLIVEIRA, Guilherme de – *Alteração das circunstâncias, risco e abuso do direito, a propósito de um crédito de tornas (Parecer)*, in CJ, ano XIV, tomo V.

PEREIRA, MARIA DE LURDES – *Conceito de prestação e destino da contraprestação*, Almedina, Coimbra, 2001.

PINTO, Carlos Mota – *Teoria Geral do Direito Civil*, 3ª ed., Coimbra, 1985.
– *Cessão da posição contratual*, Atlântida Editora, Coimbra, 1970.

PINTO, Paulo Mota – *Declaração tácita e comportamento concludente no negócio jurídico*, Coimbra, 1995.

Princípios UNIDROIT, Roma, 1995 (versão publicada pelo Ministério da Justiça).

SÁNCHEZ, A. Cabanillas – *Los deberes de protección del deudor en el derecho civil, en el mercantil y en el laboral*, Civitas, Madrid, 2000.

SANZ, Vicente Espert – *La frustracion del fin del contratto*, Madrid, 1968.

SCHMIDT-KESSEL, M. – *Implied Terms-auf der Suche nach dem Funktionsäquivalent*, in "Zeitschrift für Vergleichende Rechtswissenschaft" 96 (1997).

SERRA, Vaz – *Anotação ao Acórdão do Supremo Tribunal de Justiça (STJ) de 2 de Fevereiro de 1971, na "Revista de Legislação e de Jurisprudência"* (RLJ) ano 104.°.
– *Resolução ou modificação dos contratos por alteração das circunstâncias*, no BMJ n.° 68.

SÖLLNER, Alfred – *Der Bereicherungsanspruch wegen Nichteintritts des mit einer Leistung bezweckten Erfolges*, in "Archiv für die civilistiche Praxis" (AcP) 163 (1963).

TELLES, Inocêncio Galvão – *Manual dos Contratos em Geral,* 3ª ed, Lisboa, 1965.

TREITEL, G. H. – *The law of contract*, 9ª ed., Sweet e Maxwell, London, 1995.
– *Frustration and force majeure*, Sweet e Maxwell, London, 1994.

VARELA, Antunes – *Das Obrigações em geral,* vol. I, 10.° ed., Almedina, Coimbra, 2000.
– *Ineficácia do testamento e vontade conjectural do testador*, Coimbra, 1950.
– *Resolução ou modificação do contrato por alteração das circunstâncias* (Parecer com a colaboração de M. Henrique Mesquita), in CJ, ano VII, tomo II.

VARELA, Antunes/LIMA, Pires de – *Código Civil Anotado*, vol. I, 4ª ed., com a colaboração de M. Henrique Mesquita, Coimbra, 1987.

WEBER – *Bereicherungsansprüche wegen enttäuschter Erwartung? Die condictio ob rem*, in "Juristen Zeitung" (JZ), 1989.

XAVIER, VASCO Lobo – *Alteração das circunstâncias e risco (Parecer)*, in CJ, ano VIII, tomo V.

XAVIER, VASCO Lobo./A. Ferrer Correia – *Contrato de empreitada e cláusula de revisão: interpretação e erro; alteração das circunstâncias e aplicação do art. 437.° do Código Civil,* separata da "Revista de Direito e Economia" (RDE), Coimbra, 1978.

ÍNDICE

ERRO E VINCULAÇÃO NEGOCIAL
(A PROPÓSITO DA APLICAÇÃO DO BEM A FIM DIFERENTE DO DECLARADO)

1. O problema 5
2. Importância e actualidade 7
3. Coordenadas do problema 11
4. Erro 16
5. Alteração das circunstâncias 25
6. Não cumprimento 31
7. Enriquecimento sem causa 32
8. A relação contratual 35
9. Meios de reacção 46
10. Conclusão 47
    Bibliografia 51